「小説を読む」とは、
「自己を読むこと」なり

【近代文学定番教材へのアプローチ】

◉右文書院◉

（はじめに）

本書の各論文は、私が高等学校の国語科教員を長らく勤めてきて、授業で生徒に教材を下ろす前に、「指導書」で詳細を確認する中で、全体をどう読むのか、という疑問からはじまった。「指導書」は、その執筆者の役柄上、どれか一つの論調にそって書くわけにはいかない。いきおい、諸説を並べるという体裁になってしまう。そこで、いろいろと論文を読み漁ると、これまた「本当にそうなのか」と疑義が生じ始めた。当初は、心理学を応用していくつかものしたが、そのうち「テクスト論」という手法に出会い、これなら、日本語学の文字論が専門の稿者（テクスト論上で論じる際、「作者」「筆者」「私」と区別するために使用している）にもものが言えるのではないか、という思いで、次々といわゆる小説定番教材に挑戦してきた。

そうする内に、令和四年度より開始する新カリキュラムの方針として、それまでの「正解ありき」の指導ではなく、「主体的・対話的で深い学び」を求め、「思考力・判断力・表現力」の育成を図ることが叫ばれるようになった。

阿部昇・秋田大学特別教授は高校国語の指導要領改訂について、新聞紙上に投稿し次のように言う。

「物語の伏線を構造的に関わらせて読むことで、言語の力がついていく。」「２０１８年高校学習指導要領・国語は「論理国語」と「文学国語」を選択科目にした。これは文学軽視を前提に設計された制度である。」「文学は道徳的なもので言語を育てるものではないという見方が透けて見える。文学でこそ育てられる言語の力があることを見落としている。」　（朝日新聞 2022. 7. 5「私の視点　国語の授業　道徳より言語の教育を」より抜粋）

道徳教育は現在、全ての教育機会で育むことになっており、かつてのように「文学」の占有領域ではなくなった。こうした潮流の中で高等学校や大学での「テクスト論」を基盤とする読解研究者の中から、「テクスト論」による小説読解がこれからの国語教育に適合したものだ、という意見が出始めていたのである。「文学教材」でも言語や論理（稿者は、文学教育においても論理を学べるものと信じる）を学ぶことが求められているのだ。授業者はこのことを念頭において、授業に臨むことが肝要となってくる。それに向けて、「テクスト論」による読解・発表・相互批評が一つのヒントになることを稿者は期待している。

そこで、稿者が書き溜めてきたものが、新カリキュラムの中で、文学教育の在り方の基本として、提言できるのではないか、と思い、本書を世に問うことにしたのである。「読み手それぞれの読解があってよい」というのがテクスト論の基本姿勢である。もちろん、野放図で言いたい放題の論調ではなく、論拠を示すことが聴き手（他の読み手）の了解を生むのは言うまでもない。

今の国語教育改革の流れは、２０００年に開始されたＰＩＳＡ（ピザ）の結果に由来する。その結果分析によれば、日本人生徒の特徴は、「「自分の考えを他人に伝わるように根拠を示して説明する」のが苦手」「書かれている内容や筆者の考えの妥当性を吟味するといった「評価、熟考」型の問いには手を焼く傾向が指摘される」という（朝日新聞 2019. 12. 4 社説「国際学力調査　自分の考え育む授業を」）。また、弱いと判定された「読解力」については、「インターネットを通じて得る情報の特性を踏まえ、文章を比較検討して判断すること」と田中孝一・川村学園女子大教授は説明する（産経新聞 2020. 1. 18　特集増刊「学ぼう」）。従来日本でいう「読解力」とは意を異にするので、留意すべきである。この辺りの詳細は、本書「これからの高等学校の小説教材における試み」を参照されたい。

そしてもう一つ、稿者が本書の各論文をなすに当たって感じてきたことは、**「「小説を読む」とは、「自己を読むこと」なり」**ということである。対象がどうであれ、テクスト論で読むということは、結局、自己の経験や感性が大いに働く。それがあってこそ、他者と違う独自の読みが生まれる。それ故に「読み手それぞれの読解があってよい」ということが許され、また他者の読解も互いに認め合えるのである。

年を経て作品を読み返す時、以前とは違った「読み」が生まれるのも、読み手の経験や感性が変化したからである。そんな時、読み手は自身の経験や感性を改めて振り返るであろう。その意味で**「小説を読む」**とは、まさに、**「自己を読むこと」**であるようだ。

重ねて言うなら、「読み」とは、読み手の経験や感性が、作品との間で往還し、共鳴し合うことで成立する。翻って言うと、読み手自身の経験や感性に触れない観点では統一的な「読み」は成り立たない。よって、その「読み」が読み手独自のものであると同時に、その「読み」が精緻であればあるほど、発表・批評・意見交換をする中で、他者の共感と理解を生む。そして他者の「読み」との交感は、作品理解の深まりであるとともに、読み手同士の他者理解ともなる。

生徒が試みた読解を教室で発表し批評し合う、ということになると、生徒個々が「主体的・対話的で深い学び」を実践し、それぞれが「思考力・判断力・表現力」を養うことに繋がる。そこで生徒から「先生はどう読むのか」と迫られた時に用意したのが、本書のこの読解実践である。「テクスト論」の前では、教師も生徒も平等である。教師が自ら「主体的・対話的で深い学び」を実践しなければ生徒にそれを求められない。

少なくとも、自分はこういう理由でこの読みに賛成である、くらいのところまでは準備しておきたい。

稿者は、授業準備に関して、長らく「授業研究」と「教材研究」との違いを意識してきた。「授業研究」は、例えば「黙読」「音読」、「講義」「視聴覚教材使用」「班別討議」「グループ発表」「ディベート」などという、授業の具体的な進め方の方法研究であり、「教材研究」は、それに先んじた「教材」そのものの教師理解を言う。アクティブ・ラーニングと称して、「授業研究」ばかりに焦点を当てていると、形式だけの授業に終始し、生徒が何を学んだのか分からない、という中味の無い授業に終わることを懸念している。「授業研究」と「教材研究」との両輪が相俟って、始めて「授業」というものが成り立つと考える。教師は、生徒とともに学ぶ者ではあるが、同時に導く者でもなければならない。

目次

一 『羅生門』の読解 ――〈作者〉と末尾との関わり――

(0 『羅生門』批評の現在)

小説『羅生門』には、〈作者〉と名乗る登場人物がいる。〈作者〉は、その「羅生門」の周辺という設定の〝舞台〟で繰り広げられる演目の語り手として登場する。舞台の登場人物は、下人と呼ばれる若い男と、羅生門の二階に潜んでいた老婆である。〈作者〉の語りは、時には舞台を現代という外の時空から、歴史的事実をも加味した大局的視野で解説するナレーターとなり、時には、舞台の登場人物の視線にも紛うほどの至近距離で語り出す。

『羅生門』を評するのに、かつては、下人や老婆の言動や心理状態を中心に分析されてきた。いわゆる〝主人公主義〟である。また、作家「芥川龍之介」の執筆事情とからませた批評もあった。これは、「作家論」からのアプローチである。

しかし、近年では、テクスト論、読者論という方法論からのアプローチがなされてきている。就中、田中実は、いわゆる「作者は死んだ」というテクスト論を超えて、また全ての読者にそれぞれの読みがあるという読者論も超え、新たに「第三項」(注①)という観点に立って批評の地平を切り開こうとしてきた。私は、本論において、田中実の「読み」に沿って、もはや語り尽くされたと思われる『羅生門』に、〈作者〉の表現分析から論を試みようとするものである。また、『羅生門』には、定稿までの間に何度か改訂されている。定稿と改定前の本文を比較することは、作家芥川の意思を批評に取り込んでいる、ということから、テクスト論の考え方に反するのではないか、という批判があろう。しかし、〈作者〉の語りへの理解を深める資料として、引用することをご理解を願うものである。あくまでも『羅生門』の〈作者〉に寄り添っての分析であって、作家芥川の執筆意図を探るものではない。

（1　『羅生門』の語り手〈作者〉）

小説『羅生門』の〈作者〉は、次のように語る。

> 作者はさっき、「下人が雨やみを待っていた」と書いた。しかし、下人は、雨がやんでも格別どうしようという当てはない。
> ふだんなら、もちろん、主人の家へ帰るべきはずである。ところがその主人からは、四五日前に暇を出された。前にも書いたように、当時京都の町は一通りならず衰微していた。
> 今この下人が、永年、使われていた主人から、暇を出されたのも、この衰微の小さな余波に外ならない。だから「下人が雨やみを待っていた」というよりも、「雨にふりこめられた下人が、行き所がなくて、途方にくれていた」という方が、適当である。
>
> 前にも書いたように、当時京都の町は一通りならず衰微していた。

（本文は、現代仮名遣いに改めた。）

この〈作者〉は、著者芥川龍之介であるとみることは、現在の批評においてはない。当然、登場人物の一人と見るべきである（注②）。では、よくある語り手の〈わたし〉とはどう違うのか。語り手の〈わたし〉は、物語を語ってはいるものの、その立ち位置は、あくまで作中の個人的な視野を離れることはできない。つまり、作品の外には出ることはないし、また、その〈わたし〉とは違う立ち位置の視線で語ることはできない。自身のいる位置で見聞し、思考した範囲から逸脱できず、その範囲での言及しかできないのである。

一方、一般に「作者」とは、作家のことを意味し、作品全体の創作者として、物語の全てを統括できる存在である。その命名を持った〈作者〉（注③）が作品中に存在して、登場人物のようにして物語のナレーションをしているということは、「物語」そのものを統括できる位置にいることを意味する。

したがって、〈作者〉は、語っている物語の全てにおいて、全知全能の立ち位置におり、全てにおいて、〈作者〉自身の独壇場で「語る」ことが可能なはずである（注④）。

『羅生門』における、この〈作者〉は、

> 作者はさっき、「下人が雨やみを待っていた」と書いた。

とあるから、この物語を、今書き進めているのである。そして、「旧記」という書物からの記事を引用することもあれば、「Santimentalisme《サンチマンタリズム》」とフランス語を駆使することもできるインテリである。そして、さらに「一分後」とあるから、まさに現代の時空から語っているのである。物語の統括者である語り手としては十分な素質である。

しかし、その全知全能の語り手が

> だから「下人が雨やみを待っていた」というよりも、「雨にふりこめられた下人が、行き所がなくて、途方にくれていた」という方が、適当である。

この場面及んで、物語の「語り」を改訂しようとしている。いかにも、全知全能にふさわしくない。ここにおいて、この〈作者〉の、以後の下人に対する言説が、極めて〈わたし〉的であることが窺える。すなわち、物語の全てを統括し得ない存在であることが明らかとなる。そういうことを、今この物語を読み進めていると〈読者〉は感じ取るのである。

この〈作者〉の「語り」をもうすこし見てみよう。

> 下人は、始めから、この上にいる者は、死人ばかりだと高をくくっていた。それが、梯子を二三段上って見ると、上では誰か火をとぼして、しかもその火をそこここと動かしているらしい。

これは、その濁った、黄いろい光が、隅々に蜘蛛の巣をかけた天井裏に、ゆれながら映ったので、すぐにそれと知れたのである。

この雨の夜に、この羅生門の上で、火をともしているからは、どうせただの者ではない。（傍線・波線は論者）

「らしい」とあるが、全知の〈作者〉からすれば、断定できるはずのところである。他にも

勿論、中には女も男もまじっているらしい。

髪は手に従って抜けるらしい。

など、「らしい」という言説がみられる。次の例もそうである。

髪の毛の長い所を見ると、多分女の屍骸であろう。

するとその気色が、先方へも通じたのであろう。

この「多分」「らしい」「であろう」は、〈作者〉の特権である「全知」の座を降りている。この時点で、〈作者〉は全知全能の特権を捨てて、舞台の登場人物たちと同じ立ち位置で、ことの成り行きを見守っている。従って「どうせ唯の者ではない」という言説は、下人と同じ目線での判断である。

上なら、人がいたにしても、どうせ死人ばかりである。

とあるのも同じである。

こう見てくると、〈作者〉は、物語の場面の外にはいるが、決して物語全てを統括できてはいない。いわば紙芝居の「演じ手」「紙芝居屋」のような存在であろうか。ただ、紙芝居の場合は、物語がすでに完成されており、「語り」そのものの言説が変わることはない。

そうかと思うと、いかにも物語の統括者らしき語りも見られる。

その髪の毛が、一本ずつ抜けるのに従って下人の心からは、恐怖が少しずつ消えて行った。そうして、それと同時に、この老婆に対するはげしい憎悪が、少しずつ動いてきた。

——いやこの老婆に対するといっては、語弊があるかも知れない。むしろ、あらゆる悪に対する反感が、一分ごとに強さを増してきたのである。

ここの「いやこの老婆に対するといっては、語弊があるかも知れない。」という言説は、全知の〈作者〉からすれば、むしろ不要なものである。しかし、これを「読者」の側から考えたとき、この一文があることで、「恐怖が少しずつ消えて行った。」がいきなり「あらゆる悪に対する反感」に飛ぶのか、という違和感がむしろ薄められる。

老婆の行為を「合理的には、それを善悪の何れに片づけてよいのか知らなかった」下人であるから、老婆に対して「許すべからざる」としたのは、まさに、〈作者〉の揶揄が看取される。

「何をしていた。言え。言わぬと、これだぞよ。」

下人は白い鋼を老婆の鼻先に突き付け、このように言った。「白い鋼」とあるが、鋼は白くはない。それは、下人の正義感らしきものを、〈作者〉が揶揄を込めて表現したものだ。そして、答えとして返ってきた老婆の返答に、下人は「平凡なのに失望」し、「冷やかな侮蔑」を懐く。これは、下人が何かを求めていたことを意味する。それは、必ずしも羅生門の楼の下で逡巡していた時の答えを待っていたのではない。少なくとも言えることは、「どうせただの者ではない。」ことを期待していたということ。その期待は裏切られ下人は「失望」した。しかし、その「失望」は、次の老婆の弁明の言葉に、下人が新たな何かを掴むバネになっている。

蟇のつぶやくような声で、口ごもりながら、こんなことを言った。

老婆は、大体こんな意味の事を言った。

これは、下人に促されて老婆が自身の行動の理由を述べた前後の、〈作者〉の言説である。

「大体こんな意味の事」とあるが、それにしては、その前の老婆の言葉は、大変明解である。だから、「老婆はこう言った」とあってしかるべきところである。勿論、会話文の前には「蟇のつぶやくような声で、口ごもりながら」とあるので、老婆の肉声は、もっと「たどたどしい重層性」(注⑤)を帯びていたのであろう。

実は、この老婆の会話文は、定稿『羅生門』の改訂以前では、むしろ「こんなことを言った」というのに相応しく、緩慢な表現になっている(注⑥)。

定稿『羅生門』での、老婆の会話文の表現は、むしろ一度〈作者〉(=芥川ではない)の手によって、声質を修正した分かりやすい表現になったもの、ということになろう。そうすると、この部分では、〈作者〉の作品舞台への関わりは、作品の表現自体をも支配する強固な権威となったと言えよう(注⑦)。

〈作者〉は、『羅生門』の語りにおいて、当初「旧記」を利用したり、現代人としての文言で、作品全体を支配したかのように思えたものの、前述したように、「……という方が適当である。」などと、絶対的な作品支配から少し後退する様相も呈し、またあるときは、下人に寄り添った視点で語りもした。しかし、物語の後半になって、作品舞台は、再び〈作者〉の手中に落ちたのである。

(2 二つの「勇気」)

〈作者〉は、下人の心中に起こった「勇気」について語り始める。

下人は、太刀を鞘に収めて、その太刀の柄を左の手で押さえながら、冷然として、この話を聞いていた。もちろん、右の手では、赤くほおにうみを持った大きなにきびを気にしながら、聞いているのである。しかし、これを聞いているうちに、下人の心には、ある勇気が生まれてきた。それは、さっき門の下で、この男には欠けていた勇気である。そうして、またさっきこの門の上へ上がって、この老婆を捕らえたときの勇気とは、全然、反対な方向に動こうとする勇気である。下人は、飢え死にをするか盗人になるかに、迷わなかったばかりではない。そのときの、この男の心持ちから言えば、飢え死になどということは、ほとんど、考えることさえできないほど、意識の外に追い出されていた。

ここで、「飢え死になどということは、ほとんど、考えることさえできないほど、意識の外に追い出されていた。」とあることに注目したい。羅生門の楼に登る前は、「盗人」となることと「飢え死」が、下人の脳裏に対峙していた。その二者択一の中で悩んでいたのであった。それが今は、「盗人」という行動しか残されていない、ということを〈作者〉は語った。

そして下人は、老婆の、生きんがための保身でしかなかった詭弁を、あたかも正義感を振りかざすかのように、そのまま老婆に差し向けた。

「では、おれが引はぎをしようと恨むまいな。おれもそうしなければ、飢え死にをする体なのだ。」

下人は、すばやく、老婆の着物をはぎ取った。それから、足にしがみつこうとする老婆を、手荒く死骸の上へ蹴倒した。はしごの口までは、わずかに五歩を数えるばかりである。下人は、はぎ取った檜皮色の着物をわきに抱えて、またたく間に急なはしごを夜の底へ駆け下りた。

下人は、老婆に自身の陰画（注⑧）を見ていただろうか。私はそうは思わない。それなら、自身の卑小さもついでに見てしまっている。そうではなく、ただ下人は自身の正義に照らし、老婆の詭弁を暴こうとするがために行動に出たのである。そこには自身が行動に出る論理が必要である。それが「おれもそうしなければ、飢え死にをする体なのだ。」である。しかしその理屈も、下人は羅生門へ上がる以前から、持ち合わせていた。それが行動へと移したのは、老婆という、自分よりも弱い存在を発見したからにほかならない。老婆の返答が「平凡なのに失望」したのも、ここに繋がっている。そして、下人は「生きんがため」の行動に出た。

しかし、下人の正義も、下人の「生きんがため」の行動も、〈作者〉によって、揶揄された語りなのである。もし下人が老婆の言い分に、自身の生きる論理を学んだとすれば、盗人として生きて行くために、羅生門の楼上のあらゆるものを手にするはずである。結局、下人は、老婆の弁解を、自身の怪しげな正義感（白い鋼）に照らして成敗したつもりでいただけであったのだ。〈作者〉が、あえて「老婆の着物を」とだけ語ったのは、そのことを意味する。

下人の行動は、老婆の論理を借りただけの範囲に収まっている。「盗む」という行為が「盗人」になる初めではあっても、今後「生きんがため」ということには繋がらない。であるから、下人が楼の下で考えていた「選ばないとすれば」ということの意味を実行するには至ってはいない。

結論的には、下人は羅生門を降りたものの、盗人になる力もなく、ただ、勝ち誇ったつもりでいるだけで、本当の強者とはなり得ていない。ただただ、羅生門という閉じられた空間の中だけの強者でしかなかったのである。

これからの下人はどのように生きていくのだろうか。その不安感の方が先に来る。それが「誰も知らない」の意味である。

（3　下人の行方）

物語の終盤で意外な展開が訪れたことを語る中に、〈作者〉の下人への揶揄が含まれていよう。同じ「勇気」でも作用するベクトルは全く反対の「勇気」（注⑨）。あれだけ「盗人」になることに逡巡した下人がいとも簡単に壁を飛び越えてしまうことへの批判。尚且つ、結局取った行動は、老婆の着物一つという、まさに老婆の論理の中でしか動くことのできなかった下人。従って、下人の行く末はまさに「夜の底」なのである。物語の後半では、〈作者〉は、下人に距離を持って、舞台外側から語り切ったように見える。しかし、である。

下人はただ老婆の言い分に翻弄されただけであった。にもかかわらず、下人は「きっとそうか」とさも得意げである。そこにはある仕事をした後の満足感の後に、再び来る老婆への怒りが、老婆支配、あるいは罵倒するかのような心理によって突き動かされたのである（注⑩）。それを〈作者〉によって、「勇気」という、楼の上に登る以前に持ち合わせたのとは中身の全く違う代物に突き動かされている、という揶揄を含んで語られたのである。

しばらく、死んだように倒れていた老婆が、死骸の中から、その裸の体を起こしたのは、それから間もなくのことである。老婆は、つぶやくような、うめくような声をたてながら、まだ燃えている火の光を頼りに、はしごの口まで、はっていった。そうして、そこから、短い白髪を逆さまにして、門の下をのぞき込んだ。外には、ただ、黒洞々たる夜があるばかりである。

〈作者〉は、この最後のところで初めて老婆の視線になって語っている。老婆は分かっている。下人が自分の着物だけを剥ぎ取っても決して盗人などにはなれないことを。老婆の脳裡には、下人に対する怒りとともに、下人の不可解な行動に対して懐疑していたであろう。そうして、物語の最後の語りが訪れる。

下人の行方は、だれも知らない。

改訂前は、「下人は、すでに、雨を冒して、京都の町へ強盗を働きに急ぎつゝあった（急いでいた）」である。この表現では、まだ〈作者〉の語りの手の中に物語があることを意味する。そして、この表現の中には、下人が「盗み」をする意識のあったことが読み取れる。と同時に、〈作者〉によって、その意識がいかにも浅薄なものであったことも批判的に語られている。

それが定稿のようになると、下人の行方を明かしてはいない。この表現は、〈作者〉さえも下人の行方を知らない、ということになる（注⑪）。下人は〈作者〉の語りの手中からすり抜けてしまったのである。「だれも」の中には〈作者〉自身も含まれている。

　舞台に対して全知全能であった〈作者〉さえもが、下人の行方に対して埒外に放り出されたのである。結局〈作者〉は、羅生門周辺という舞台においてだけ、饒舌な語り手であったのだ。

　〈作者〉の登場は、本来なら作品に対して全知全能の存在として読者に認識されているものであるにも関わらず、作品内に登場し、その全知ぶりが曖昧なものであり一人語りであったことを露呈し、全知全能ではない存在としての〈作者〉が演出されたのである。

　ただ作品の途中にも〈作者〉が饒舌でありすぎるが故に、何度か全知全能ではないことを露呈してはいた。その露呈は、二度の改訂を経た末文にとっては、全知全能ならざる〈作者〉〝完成〟への序章となったのである。

　かくして、饒舌であった〈作者〉は、物語の全知全能の権威を剥奪されてしまったのである（注⑫）。

　そのことは何を意味するのだろうか。下人は自身の行動原理を老婆によって与えられた。しかし、それは怪しい正義感によって振りかざされていた。そのことを〈作者〉は客観者として語った。しかし、その下人は「黒洞々たる夜」に逃げ込んでしまい、ついには、〈作者〉の手からもこぼれ落ちてしまった。羅生門という舞台を縦横無尽に語り尽くした〈作者〉であったが、ここに一人の登場人物としての役目も終えることになった。後に残るのは、読者としての我々が〈作者〉を評することになる（注⑬）。得意げに語っていた〈作者〉も、実は全知全能ではなかったと。この批評は、またそのまま我々読者に向けられる、という連環が作用している。こうして『羅生門』の読みは、読者をも巻き込んで「黒洞々たる夜」に引きずり込んでいく装置となっていたのである。

（まとめ）

　『羅生門』は、かつては下人の言動を焦点化することで、エゴイズムを主題とする時代があった。今こうして〈作者〉に焦点を合わせて分析してみると、むしろニヒリズムが底流にある。真理などは誰にも唱えることなどできないものだ、見えているもの、判断されているものは、全てその見ている者、判断している者の立ち位置で、その人間の能力や視野の範囲内で語られているのものでしかない、と。これが主題というのではない。読者が〈作者〉に注目して読めば、底流にあるニヒリズムが見えてくる、ということである。

　本論は、注にも挙げた研究の先達の意見に拠るところが大きい。その上で、論者は改めて次のように提示する。老婆は下人に批評され、下人は〈作者〉に批評され、そして〈作者〉は読者に批評される。その連環の上に、読者自身も相対化される、という装置が『羅生門』であったと。

（注）

①馬場重行「〈読み〉の覚醒―〈文学教育〉再入門のために―」（『月刊国語教育』2004.4　24巻1号）より

「田中理論の大前提は、〈本文〉とは何かを問うことにある。〈読み〉の対象となる〈本文〉とは何かを問わないまま、解釈の多義性ばかりを求めてしまったところに〈和風てくすと論〉の起きる必然があったととらえる田中は、三好行雄の「作品論」とロラン・バルトの提示した「テクスト論」の双方を止揚し、「新しい作品論」を構築しようとする。バルトの提示した「容認可能な複数性」（〈本文〉の実体性は存続と「還元不可能な複数性」（非実体）とを峻別し、〈読み〉が対象とする〈本文〉について実体―非実体の二項対峙ではなく、原文の「影」が「網膜」に宿る「第三項」としての「プレ〈本文〉」を構想（〈第三項網膜論〉）、これによって「読みのアナーキ」を超克しようと意図した。（中略）ここを前提に田中は、「語りの領域」を問うことを問題にする。この「語り手」の概念、「語りの領域」問題に着目することは、「視点」と「語り」とが混同され、〈機能としての「語り」〉を浮上させることが困難であったこれまでの読解の形を批判的に炙り出し、文学作品の〈読み方／読まれ方〉の問題を新たに問い直す契機を与えるものでる。それはさらに、「読者主体の二重化」という、自明のようでいてその実、非常に見えにくい問題を呼び起こすだろう。

「読書主体の二重化」とは、〈語りの構造化〉のことであり、〈本文〉に施されたさまざまな〈ことばの仕組み〉を問うことである。多く散見される、登場人物の言動のみを〈読み〉の対象としてしまう〈主人公主義の読み方〉を否定するあり方と言ってもいい。登場人物の行為や言動と、それをそう語る「語り手」の「自己表出」するあり方の双方を読むのがここでのポイントである。それはまた、読み手を作品の内と外とに峻別し、その重層を読むことにもなる。」

※田中実「新しい〈作品論〉のために」『読みのアナーキーを超えて』（右文書院 1997.8 所収）も参照

②田中実「「往復書簡」第八回」（『月刊国語教育』2005.8 25巻6号）に次のようにある。

「主人公《プロット》主義では誰が語っているかという視点論は有効ですが、いかに語られているのかの〈語り〉は捉えられません。（中略）作中の生身の実体的〈語り手〉は己の語る「物語」をニュートラルに語るのではなく、「作者」として自らの意図や意識を持って批評的に語っています。問題はこの実体の「作者」を自称する〈語り手〉を対象化し、何故こうした二重構造、メタ小説をこの小説が必要としているのか、これを読み取るのがこの小説の鍵だと考えます。（中略）下人は認識の陥穽に落ち込んでいることを知らず、行為を手に入れたと思って京の闇に向かって駆けていくのです。ところがそう判断し、創作しているのは作中の「作者」です。（因みに私は「作者」と「作家」を峻別しています）。そう批評している当人もまた、下人の認識の闇と同様の生を生きるしかありません。何故なら認識するとは絶えず対象そのものを捉えるのではなく、対象を主体の枠組みに置き換えることであって、その点で「作者」もにきびのある若者と変わりはなかったからです。「下人の行方は誰にも知らない」とはそう語っている主体それ自体に及んで、認識論そのものの急所を浮上させることになります。つまり下人が老婆の言うことを分かった積もりになって行為に及んだとすればこのことは「作者」の〈語り〉、認識そのものの誤謬の宿命、この認識の牢獄のかたちこそ、『羅生門』の〈作品の意志〉、認識の陥穽の真の意味です。これを捉えるためには読者は「作者」を自称する〈語り手〉を批評する〈機能としての語り〉を読む必要があります。」

③論者は、一般に言う「作者」とは区別して、『羅生門』に登場する人物を〈作者〉とした。

④今野哲『「羅生門」論―生を希求するかたち―』（『二松』平成3年3月　所収）には次のようにある。

「「作者」が「羅生門」を書く立場にあるということは、作品世界を自在に統括する存在として君臨するということである。「作者」は下人・老婆と直接的な交渉を持たないが、下人・老婆の無自覚な心理や状況までをも解析する。故に、三者の力関係では「作者」が下人・老婆よりも優位に立っていることは言うまでもない。」

⑤田中実「新しい〈作品論〉のために」（『小説の力』大修館 1996. 2）

⑥杉本優『下人が強盗になる物語―「羅生門」論―』（『日本近代文学』第41集 1989. 10）には次のようにある。

「初出稿では間接話法で表現されていた老婆の弁明が定稿では直接話法のようなかたちに改変されたにもかかわらず、その直後の〈老婆は、大体こんな意味の事を云つた〉という一文は改められてはいない事実に注目すべきである。文章の彫琢を怠らない作家の改変にしては杜撰であるなどと判断してはならない。作品の論理が改変を許さないのだ。老婆のおそらくはしどろもどろの弁明に論理性を与えているのはまず語りであり、語られている世界に即せば、〈冷然として、この話を聞いてゐる〉下人と老婆との支配―被支配の関係の中にそれは析出されるべきものなのである。」

【初稿】

成程、死人の髪を抜くと云ふ事は、悪い事かも知れぬ。しかし、かういう死人の多くは、皆その位な事を、されてもいゝ人間ばかりである。現に、自分が今、髪を抜いた女などは、蛇を四寸ばかりづゝに切つて干したのを干魚だと云つて、太刀帯《たてはき》の陣へ賣りに行つた。疫病にかゝつて死なゝかつたなら、今でも賣りに行つてゐたかもしれない。しかも、この女が賣る干魚は、味がよいと云ふので、太刀帯たちが、欠かさず薬料に買つてゐたのである。自分は、この女のした事が悪いとは思はない。しなければ、饑死をするので仕方がなくした事だからである。だから、又今、自分のしてゐた事も、悪い事とは思はない。これもやはりしなければ、饑死をするので仕方がなくする事だからである。さうして、その仕方がない事をよく知つてゐたこの女は、自分のする事を許してくれるのにちがひないと思ふからである。

柳川隆之介『羅生門』(帝國文學第二十二巻第十一大正四年十一月一日発行)より抜粋

【定稿】

成程な、死人の髪を抜くと云ふ事は、何ぼう悪い事かも知れぬ。ぢやが、こゝにゐる死人どもは、皆、その位な事を、されてもいゝ人間ばかりだぞよ。現在、わしが今、髪を抜いた女などはな、蛇を四寸ばかりづゝに切つて干したのを、干魚だと云うて、太刀帯の陣へ売りに往だわ。疫病にかゝつて死なんだら、今でも売りに往んでゐた事であろ。それもよ、この女が売る干魚は、味がよいと云うて、太刀帯どもが、欠かさず菜料に買つてゐたさうな。わしは、この女のした事が悪いとは思うてゐぬ。せねば、饑死をするのぢやて、仕方がなくした事であろ。されば、今又、わしのしてゐた事も、悪い事とは思はぬぞよ。これとてもやはりせねば、饑死をするぢやて、仕方がなくする事ぢやわいの。ぢやて、その仕方がない事を、よく知つてゐたこの女は、大方わしのする事も大目に見てくれるであろ。

⑦江藤茂博『芥川龍之介『羅生門』論―「語り手の」の優位性と重層的テキスト空間―』(『日本文学』

平成6年1月号｝より

「老婆の言葉のすぐ後に、「語り手」が自らの姿をはっきりと現わすからである。つまり、「語り手」は下人の視線とはまったく別の視線を投げかけている。それは「語り手」の「老婆は大体こんな意味のことを云つた。」という言葉で示された。ここで読み手は、「語り手」が老婆の言葉すら要約できる位置に立っていたことを、改めて気づかされるのである。

（中略）「声を和らげ」たのは、この発言そのものだから、ここには時間の組み換えを登場人物「語り手」がおこなっているのである。

⑧・木村一信「「羅生門」論―己れの座標を求めて」〔『アプローチ芥川龍之介』明治書院 1992. 所収〕より引用

「自己の陰画を老婆の存在に感じ取った下人の驚きと恐れにみちた切迫した思い」

・淺野洋『芥川龍之介―『羅生門』をめぐって―（抄）』（『日本の説話』6　近代東京美術 1974.3）より引用

「下人が老婆の返答に見た《平凡》さとは、自己と全く同一の生活に追われる弱者の悪足掻きに他ならない。呵責ない現実の醜悪な陳腐さと換言してもよいが、そうした老婆の返答に下人は、いわば現実に連なる〝自己の顔〟を紛れもなく見たのである。」

・前田愛『文学テクスト入門』（筑摩書房 88.3）より引用

「下人にとっての老婆は、彼の分裂した内面をうつしだす鏡の意味を持っていた。」

⑨「芥川龍之介　大正三年一月二十一日恒藤恭宛書簡」より。

「自分には善と悪とが相反的にならず相関的になつてゐるやうな気がする。性癖と教育との為なるべし。ロジカルに考へられない程脳力の弱き為にてもあるべし。兎に角、矛盾せる二つのものが自分にとりて同じ誘惑力を有する也。善を愛せばこそ悪も愛し得るやうな気がする也。ボードレールの散文詩をよんで最もなつかしきは、悪の賛美にあらず、彼の善に対する憧憬なり。遠慮なく云へば、善悪一如のものを自分は見てゐるやうな気がする也。」

⑩吉田俊彦『「羅生門」の地上的、動物手的イメージ—と我執の解放』（『芥川龍之介—『偸盗』への道—』昭和62年5月所収）より引用

「老婆の論理内容を確認しながら抱く下人の「勇気」は、当然論理の整合性そのものに対する納得によって生じたものではなく、論理の自滅的弱点を直観することによって持ち得た破壊衝動であり、これは、「他者中心」の日常的卑俗生を脱し得ない老婆の、卑小な論理に対する深い侮蔑の感情より発したものと言わなければならない。」

⑪・江藤茂博、前掲著より引用

「下人の行方は、誰も知らない」とは優位性を示そうとし続けてきた「語り手」の言葉であり、ここでテキストはそのような言葉で語ってきた「語り手」を逆に示しているだけなのである。だから、もはや下人の存在している時空は、「語り手」の語る世界からは飛躍があり、そこは闇である。」

・今野哲『「羅生門」論—生を希求するかたち—』（『二松』平成3年3月　所収）より引用

「初出稿及び初収稿においては、「作者」の筆は「下人の行方」を明確に捕捉していた。しかし、改編によって下人は「作者」も含め「誰も知らない」領域へ移行してしまったのである。下人は「作者」の掌中から逸走して、「黒洞々たる夜」の中に溶融してしまう。つまり、改編によって「作者」は「黒洞々たる夜」を前にして「下人の行方」をつかめない老婆と同様の地点にまで後退してしまったといえるのである。」

・渡邊正彦『「羅生門」における『ツァラトゥストラ』受容』（『群馬県立女子大学　国文学研究』平成10年3月　所収）より引用

「「下人の行方は誰も知らない。」と結ばれるのは、新生の下人が〈モデル作者〉さえ置き去りにして孤独な未知の世界へ旅立ったということに他ならない。」

⑫田中実「新しい〈作品論〉のために」（『小説の力』

所収〕より引用

「〈語り手〉の語る「下人の行方」を「誰も知らない」という〈ことば〉は字義通りの意味だけ、全ての人が知らないという意味を表すのではなかった。下人が文字通りどこに消えたか分からないのではない。小説のコンテクストは下人がいかなるところに生きているのかを批評し、囲い込んでいたのである。そこに小説の表層のプロットとそれを支える〈ことばの仕組み〉の〈内なる必然性〉がある。」

⑬田中実『「往復書簡」第八回』

（『月刊国語教育』2005.8　25巻6号）より引用

「下人は認識の陥穽に落ち込んでいることを知らず、行為を手に入れたと思って京の闇に向かって駆けていくのです。ところがそう判断し、創作しているのは作中の「作者」です。（因みに私は「作者」と「作家」を峻別しています）。そう批評している当人もまた、下人の認識の闇と同様の生を生きるしかありません。何故なら認識するとは絶えず対象そのものを捉えるのではなく、対象を主体の枠組みに置き換えることであって、その点で「作者」もにきびのある若者と変わりはなかったからです。下人の行方は誰にも知らない」とはそう語っている主体それ自体に及んで、認識論そのものの急所を浮上させることになります。つまり下人が老婆の言うことを分かった積もりになって行為に及んだとすれば、このことは「作者」の〈語り〉、認識そのものの誤謬の宿命、この認識の牢獄のかたちこそ、『羅生門』の〈作品の意志〉、認識の陥穽の真の意味です。」

〔参考〕

「ここで扱っているのは〈モラル〉の問題だ。私の考えでは、少なくとも無教養の俗物のような人文の倫理観なるものは、その時々の気分や感情の産物であり、その時々の状況によっても左右されるものなのである。」

（「大学時代ノート」〔『芥川龍之介　資料図版2』平成5.1　山梨県立近代文学館〕

成瀬正一宛書き換えの英文と四つの『羅生門』の擁護」四番目「Defence for 〃Rasyo-mon〃」という英文の訳）
以上は、田中実「批評する〈語り手〉」（『小説の力』大修館 1996.2）より転載。

〔附説〕
本論中に引用した芥川龍之介の著した書簡（注⑨など）、また初稿との比較などは、作家芥川の作品への意図を探るためのものではなく、『羅生門』の登場人物〈作者〉を分析し、『羅生門』の全体構造を炙り出すためのものであることを再確認しておきたい。

※（この拙論の本書再録に当たって）
本論末尾の「読者自身も相対化される」とは、「今読んでいるあなた（読者）も、自身で見えている認識の世界を、全てと思ってはいないだろうか、もう一度よく見直されたし」とのメッセージであると、稿者と考えている、という意味である。

二『城の崎にて』の読解

——語る「自分」と語られる「自分」——

批評は今でも、たいていの場合、ボードレールの作品とは人間ボードレールの挫折のことであり、ヴァン・ゴッホの作品とは彼の狂気のことであり、チャイコフスキーの作品とは、彼の悪癖のことである。
（「作者の死」1968、ロラン・バルト著「物語の構造分析」花輪光訳・みすず書房1979所収）

（0「小説の時間」と「テクスト」）

表題に添え書きしたロラン・バルトの言葉は、とかく作家（作品の作り手）を抜きにしては語られない「作品の価値」というものを否定すべく述べられたアイロニーである（注1）。稿者は、「蠑螈《いもり》の死」に図らずも「自分」が関与したところに「自分」自身が「偶然」の重みを体感し、過去の「自分」と向き合う転換点があるという視点から、『城の崎にて』を考えてみたい。まず、『城の崎にて』を便宜上五段に分けておく。

【冒　頭】「城の崎」にやってくる前の記事と来た直後の記述。
【蜂の死】「蜂の死」事件と短編小説「范の犯罪」を書いた「自分」
【鼠の死】「鼠の死」事件と電車事故にあった時の「自分」
【蠑螈の死】「桑の葉」事件と「蠑螈」が嫌いであった「自分」と「蠑螈の死」事件
【末　尾】三年後の「自分」

稿者は、『城の崎にて』の小説時間は二つあると考える。「城の崎」に来てから帰るまでの三週間の時間、そして、「城の崎」を後にしてから三年経った時間である。

まず、『城の崎にて』の冒頭と末尾を見て見よう。

〔冒頭〕
山の手線の電車に跳飛ばされて怪我をした、其後養生に、一人で但馬の城崎温泉へ出掛けた。背中の傷が脊椎カリエスになれば致命傷になりかねないが、そんな事はあるまいと医者に云はれた。二三年で出なければ後は心配はいらない、兎に角要心は肝心だからといはれて、それで来た。三週間以上――我慢出来たら五週間位居たいものだと考へて来た。

〔末尾〕

三週間ゐて、自分は此処を去つた。それから、もう三年以上になる。自分は脊椎カリエスになるだけは助かつた。

冒頭の「出かけた」とあった書き出しは、すぐに「来た」(注2)と変わる。また、末尾の「自分は此処を去つた。」とある「此処」は「城の崎」を指すだろう。それが、「もう三年以上になる」時点では、「自分」はもう「城の崎」にはいない。テクスト中には祖父や母が眠る「青山」墓地が出てくる。以上から、三年前「自分」は、東京から「城の崎」に向かい、三週間いて、東京に帰り、今三年が経った、という経過があることが分かる。

三週間いた「城の崎」での記述の中には、しばしば「今」という言葉が登場する。

〔蜂の死〕

a今も巣の蜂共は元気に働いてゐるが、死んだ蜂は雨樋を伝つて地面へ流し出された事であらう。(中略)自分は「范の犯罪」といふ短編小説をその少し前に書いた。(中略)然しb今は范の妻の気持を主にし、仕舞に殺されて墓の下にゐる、その静かさを自分は書きたいと思つた。(中略)其前からかかつてゐる長編の主人公の考とは、それは大変異つて了つた気持だつたので弱つた。

〔鼠の死〕

c今自分にあの鼠のやうなことが起こつたら自分はどうするだらう。自分は矢張り鼠と同じやうな努力をしはしまいか。(中略)で、又それがd今来たらどうかと思つて見て、(後略)

〔蠑螈の死〕

あの鼠はどうしたらう。海へ流されて、e今頃は其水ぶくれのした体を塵芥と一緒に海岸へでも打ちあげられてゐる事だらう。そして死ななかつた自分がｆ今かうして歩いてゐる。

　ａｂの「今」は、「蜂の死」事件の時点であるとわかる。ところが、そのすぐ後の「その少し前に」「其前」とあるのは、三年後の「自分」の視点が混入しているようだ（注３）。ｃ「今」は、「鼠の死」の時点か、三年後の時点か判断できない、しかし、ｄ「今」では、それに続く内容である「両方が本当」であることが、次の「蠑螈の死」の段で覆されるところから、ｃｄの「今」は「鼠の死」を目撃にしたその時点と考えられる。これらの「今」から言えることは、「自分」が「城の崎」にいた三週間の「自分」の視点は、原則としてその時々の時間に据えられていることが分かる（注４）。つまり、刻々と移る時間に沿って、「蜂の死」「鼠の死」「蠑螈の死」の体験に対するそれぞれの心情が語られ、後の時間に行くほど、前の時間の「自分」も捉えていると言えよう。加えて、テクストには「城の崎」に来る前の「自分」も「城の崎」滞在中の「自分」から考察されている。それは「『范の犯罪』という短編小説をその少し前に書いた」「自分」｛蜂の段｝であり、電車事故にあった時の「自分」｛鼠の段｝であり、「蠑螈」が嫌いであった「自分」｛蠑螈の段｝である。こうして見ると、「城の崎」での出来事である「蜂の死」「鼠の死」「蠑螈の死」のそれぞれの場面で、「城の崎」にやって来る前の「自分」を振り返っていることになる（注５）。

　もう一つ触れておきたいことがある。この小説『城の崎にて』は、勿論「志賀直哉」の手になるもので、作者自身が『創作余談』の中で「事実ありのままの小説」と言い、『城の崎にて』の中にも、「自分は「范の犯罪」という短編小説を少し前に書いた。」と「自分」が語る場面がある。『范の犯罪』は志賀直哉の作品でもあるから、テクストの「自分」が志賀直哉であるとの認定は容易ではある。しかし、たとえそれを認めたとしても、それは表現者志賀直哉の都合であって、読解のなかで、読者であるわれわれがそれに囚われなければならぬ理由はない。また、平成になって、日記や談話、草稿『いのち』などとの比較論（注６）、そして当時の鉄道状況、気候状況などから、『城の崎にて』が「事実ありのままの小説」ではないことが明らかにされ（注7）、『城の崎にて』が作者志賀直哉とは独立したテクストとして読むことが許され始めた。

しかし、その一方でまた、ロラン・バルトの言うような読者主義一辺倒、または「「作品」内部にとどまり語りの提示する世界を引き受けること」だけで、果たしてよいのかという新たなる疑問も出た（注8）。『城の崎にて』が作家志賀直哉の実生活に沿うところの多い作品ではあっても、全てが志賀直哉そのものでない以上、一つのテクストとして、読まれることは自然のことであり、また、そうかといって読み手がそれぞれ勝手な読みをしてよければ、読者の数だけ解釈が存在するという野放図なありまさになりかねにない。それはもはや文芸批評と言えないのではないか、というのももっともである。

では、何によってより客観的なテクスト批評が可能なのか、といえばそれはいまだ模索の段階だと言うしかない。しかし、今稿者に少し見えているのは、文学が言葉による芸術とするならば、テクストを表現する「「ことば」そのものに語らせる」という他はないだろう、ということである。音楽が「音」に、絵画が「絵具」に、華道が「花」に、書道が「墨」による芸術であるならば、「文学」は、言葉・文字による芸術であるはずだ。ならば、その言葉のディテールに拠って読まれなければ「文学」たる所以はない。言葉のディテールとは何か。それは、表現であったり、レトリックであったり、プロットであったりする。もっと具体的には、構造体の一部としての「語られていること」の必然性の追求、なぜその表現がそこに存在しているのか、なぜ予測される表現がそこにはないのかを究明することのなかから突破口が開けそうに感じている（注9）。そういうことを起点に論を展開してこそ、テクストと対話した読者の批評となるのではないか。

では、そのテクストの「ことば」以外の文化的要素、作家の背景（注10）、作品群の背景（注11）の一切は、無駄な代物なのであろうか。稿者はそうは思わない。作家論もあれば、作品論、文化論、それぞれがあっていい。ただ、作家論なら作家論のためにのみ存在するテクストというのでないことが条件である。換言すれば、作家論、文学比較論、文化論に結果として合致すればよしで、文学という以上あくまでもテクストとの対話的論及が必要ではないかと考える。場合によっては、一つのテクスト解釈に合わせて、作家論が語られなければならないということもありうるのではないか。

（1　「城の崎」に通底するもの、そしてその転換）

先に見たように、「自分」が「城の崎」にいる時間は、一部分を除いては、基本的に閉じられた時間である。

閉じられた「城の崎」という時空間で、三つの動物の死の事件を契機にそれぞれ過去の自分を振り返り、かつ振り返った「自分」を重ねる度に「自分」像に修正を加えている。しかし、「城の崎」での体験には通底するものがある。

> 素より自分の仕た事ではあつたが如何にも偶然だつた。蠑螈にとつては全く不意な死であつた。（中略）自分は偶然に死ななかつた。蠑螈は偶然に死んだ。（中略）そして死ななかつた自分が今かうして歩いてゐる。さう思つた自分はそれに対し、感謝しなければ済まぬやうな気もした。然し実際喜びの感じは湧き上がつては来なかつた。生きて居る事と死んで了つてゐる事と、それは両極ではなかつた。それ程に差はないやうな気がした。

この「城の崎」滞在中の最後の記述には、「城の崎」到着直後乃至はそれ以前の「自分」と重なる部分が多くある。

> 一つ間違へば、今頃は青山の土の下に仰向けになつて寝てゐる所だつたなど思ふ。（中略）自分は死ぬ筈だつたのを助かつた、何かが自分を殺さなかつた、自分には仕なければならぬ仕事があるのだ、——中学で習つたロード・クライヴといふ本に、クライヴがさう思ふ事によつて激励される事が書いてあつた。実は自分もさういふ風に危ふかつた出来事を感じたかつた。そんな気もした。然し妙に自分の心は静まつて了つた。自分の心には、何かしら死に対する親しみ

が起こつてゐた。

よく問題とされる「偶然」に対応するものとして、電車事故を想起している記述に「一つ間違えば」（注12）がある。また末尾の「感謝しなければ済まぬやうな気もした。然し実際喜びの感じは湧き上がつては来なかつた。」は、冒頭の記述にあった「ロード・クライヴ」のように感じられず、生きていることに感謝できなかった「自分」が重なる。このことから、生き物の生死に関して「偶然」ということに対する認識も、生きていることに「感謝しなければ済ま」ない気がしながら、喜べない気持ちも最初からもっていたことがわかる。

冒頭の「死に対する親しみ」は、「蠑螈の死」事件にこそないけれど、「鼠の死」事件まで一貫して見られる。そして、「淋しい」「淋しさ」は「城の崎」滞在中に一貫して語られる。どうやら「城の崎」には通底するものが流れているようだ。しかしすべてが同じ事の繰り返しかというとそうではなさそうである。

まず、「城の崎」という場所に通底している「死に対する親しみ」を眺めておこう。

〔冒頭〕

・気分は近年になく静まつて、落ちついたいい気持がしてゐた。

・考へることは矢張り沈んだ事が多かつた。淋しい考だつた。然しそれには静かないい気持ちがある。

・然し妙に自分の心は静まつて了つた。自分の心には、何かしら死に対する親しみが起つてゐた。

〔蜂の死〕

・如何にも静かな感じを与へた。淋しかつた。（中略）死骸を見る事は淋しかつた。然し、それは如何にも静かだつた。

・自分はその静かさに親しみを感じた。

〔鼠の死〕

・淋しい嫌な気持になつた。（中略）自分が希つてゐる静かさの前に、ああいふ苦しみのある事は恐ろしい事だ。死後の静寂に親しみを持つにしろ、死に到達するまでのああいふ動騒は恐ろしいと思つた。
〔蠑螈の死〕
・物静かさが却つて何となく自分をそはそはとさせた。（中略）多少怖い気もした。然し好奇心もあつた。（中略）其気が全くないのに殺して了つたのは自分に妙な嫌な気をさした。（中略）生き物の淋しさを一緒に感じた。自分は淋しい気持になつて、（後略）

「鼠の死」事件までは、「静か（な心）」「死に対する親しみ」「淋しさ」という通底するものがある。それらは「蜂の死」では「いい気持」であったのに対し、「鼠の死」からは「嫌な気」「恐ろしい」に変わり、「蠑螈の死」事件では「死に対する親しみ」が「生き物の淋しさ」にとって替わられ消滅していく。こうして見ると「鼠の死」は、「死への親しみ」を「生物の淋しさ」へと転換させる中継ぎ役として存在（注13）しているように見える。

「鼠の死」の段には、次のようにある。

フェータルなものだと若し聞いたら自分はどうだつたらう。その自分は一寸想像出来ない。自分は弱つたらう。然し普段考へてゐる程、死の恐怖に自分は襲はれなかつたらうといふ気がする。そしてさういはれても尚、自分は助からうと思ひ、何かしら努力をしたらうといふ気がする。それは鼠の場合と、さう変らないものだつたに相違ない。で、又それが今来たらどうかと思つて見て、猶且、餘り変らない自分であらうと思ふと「あるがまま」で、気分で希ふ所が、さう実際に直ぐは影響はしないものに相違ない、しかも両方が本統で、影響した場合は、それでよく、しない場合でもそれでいいのだと思つた。それはしかたのない事だ。

「あるがまま」であり、「それはしかたのないことだ」として、「自分」の中にある「死に対する親しみ」の存在を否定できていない。ところが、「蠑螈の死」事件では、その様相は一変する。

自分は先程蠑螈は嫌ひでなくなつた。蜥蜴は多少好きだ。屋守は虫の中でも最も嫌ひだ。蠑螈は好きでも嫌ひでもない。十年程前によく蘆の湖で蠑螈が宿屋の流し水の出る所に集まつてゐるのを見て、自分が蠑螈だつたら甚らないといふ気をよく起した。蠑螈に若し生まれ変つたら自分はどうするだらう、そんな事を考へた。其頃蠑螈を見るとそれが想ひ浮ぶので、蠑螈を見る事を嫌つた。然しもうそんな事を考へなくなつてゐた。自分は蠑螈を驚かして水へ入れようと思つた。（中略）自分は別に蠑螈を狙はなかつた。狙つても迚も当らない程、狙つて投げる事の下手な自分はそれが当る事などは全く考へなかつた。（中略）蠑螈は死んで了つた。自分は飛んだ事をしたと思つた。虫を殺す事をよくする自分であるが、其気が全くないのに殺して了つたのは自分に妙な嫌な気をさした。素より自分の仕た事ではあつたが如何にも偶然だつた。蠑螈にとつては全く不意な死であつた。自分は暫く其処に踞んでゐた。蠑螈と自分だけになつたやうな心持がして蠑螈の身に自分がなつて其心持を感じた。可哀想に想ふと同時に、生き物の淋しさを一緒に感じた。自分は偶然に死ななかつた。蠑螈は偶然に死んだ。自分は淋しい気持になつて、漸く足元の見える路を温泉宿の方に帰つて来た。遠く町端れの灯が見え出した。

「蠑螈の死」が「偶然」のことであり、「蠑螈にとつては全く不意な死」であった。その結果「自分」は「生き物の淋しさを一緒に感じた。」となる。「偶然」といえば、言葉では初出であっても、冒頭に近いところですでに「一つ間違えば」とあったことは述べた。「城の崎」到着当初にも同じ「偶然」が意識としてありながら、「死に対する親しみ」は変化することなく通底していたのに、「蠑螈の死」事件に到って、なぜ「死に対する親しみ」が「生き物の淋しさ」に転換されるのか。

そこには、図らずも「自分」が他者（蠑螈）の死に関与してしまったということがある。「鼠の死」は「不意」ではなく、「車夫」や「子供」の故意によるものであった。他者の故意は「自分」にとっては他人事でしかない。同様に、その時いくら電車事故のことを思い出したにせよ、それは過去の「自分」を他人事としてしか見なかったのである。しかし、「蠑蠑螈の死」の場合はそうはいかない。「自分は別に蠑螈を狙はなかつた」。確かに「偶然」ではあった。しかし、「自分」の手が関与して、蠑螈は死んだ。「鼠の死」の故意が「自分」のものとして蘇り、同時に電車事故の過去の「自分」が、「自分」のものとして振り返られたのである。その結果「蠑螈と自分だけになつたやうな心持がして蠑螈の身に自分がなつてその心持」を(蠑螈と)「一緒に感じた」のである。「自分は偶然に死なかつた。蠑螈は偶然に死んだ」とある。自分と蠑螈とをパラレルに捉えているのは、同じ生き物としてその生死が紙一重であることを表現している(注14)。

よく話題にされてきた「蠑螈に対する自分の好悪」の問題、「十年前の蠑螈」のことなどは、どうして語られているのか。それには、すでに言われているように、「蠑螈の死」事件当時には「自分」にとって、「蠑螈を狙わなかったとは言え、蠑螈が嫌いだという潜在的意識が働いたのだ」ということを排除する機能をもっていよう(注15)。つまり、純粋に「偶然」であったのだと言うためであると。しかし、もっと重要なことは、「蠑螈にもし生まれ変つたら自分はどうするだらう、そんなことを考へた。其頃蠑螈を見るとそれが想ひ浮ぶので、蠑螈を見る事を嫌つた。」という点にある。つまり、電車事故当時は「蠑螈」になりきることは出来なかった(注16)。ところが、「自分は先程蠑螈は嫌ひでなくなった」とあって、「蠑螈の死」事件当時は、なりきることができる心情になっていたということである。だから「蠑螈」と「一緒に感じる」ことができたのである。

では、「城の崎」にやって来る以前、電車事故で命に関わる大怪我を負ったのは「自分」自身であるにも関わらず、なぜその時、この「蠑螈の死」事件のように、「自分」の生の偶然を感じ取れなかたのであろうか。「蠑螈の死」事件当時、どうして蠑螈になりきれたのだろうか。また、「鼠の死」事件当時に振り返った電車事故に、どうして「自分」の生の「偶然」を感じ取れなかったのだろうか。

(2　「自己主体」から「自己客体」へ)

「蜂の死」の段に「范の犯罪」についての記述がある。

自分は「范の犯罪」といふ短編小説をその少し前に書いた。范といふ支那人が過去の出来事だつた結婚前の妻と自分の友達だつた男との関係に対する嫉妬から、そして自身の生理的圧迫もそれを助長し、その妻を殺すことを書いた。それは范の気持を主にして書いたが、然し今は范の妻の気持を主にし、仕舞に殺されて墓の下にゐる、その静かさを自分は書きたいと思つた。

「殺されたる范の妻」を書かうと思つた。それはたうとう書かなかつたが、自分にはそんな要求が起つていた。其前からかかつてゐる長編の主人公の考へとは、それは大変異つて了つた気持だつたので弱つた。

「「范の犯罪」を其の少し前に書いた。」とある。「其の」は電車事故を表すのかどうかは分明でないが、少なくとも「城の崎」到着前ではある。「范の犯罪」と「殺されたる范の妻」の関係は、「殺す」立場と「殺される」立場の相違にある。そうすると、「城の崎」到着前は、「殺す」側、つまり「死」に対して「自己主体」型の観点があり、それが「城の崎」到着後では「殺される」側、つまり「自己客体」型の観点に転じていると言えよう。その結果「自分」は「死の静かさ」を「いい気持」と感じ、死に対する親しみ」の感情を抱くようになっていく。これは、「死への恐怖」を「死に対する親しみ」に転化しなければ収まらない「自分」の生への不安、つまり自己防衛とも解される（注17）。祖父や母の死骸の傍にある「自分」の死体を想像して、「こんな事が想ひ浮ぶ。それは淋しいが、それ程に自分を恐怖させない考だつた。何時かはさうなる。それが何時か？——今迄はそんな事を思つて、その「何時か」を知らず知らず遠い先の事にしてゐた。然し今は、それが本統に何時か知れないやうな気がして来た。」とある。死の近い予感がありながら、「恐怖させない」とは、深層の恐怖感が、表層の意識に昇っていないのだろう。

そのすぐあと、「殺されたる范の妻」について、「たうとう書かなかつた」としているのは、何時のことだろうか。「書かなかつた」のは少なくとも城の崎滞在の期間中を指すであろう。そして、「たうとう書かなかつた」のであるから、何らかの事情で、「自分」は「死に対する親しみ」に傾斜することができなかったことを意味している。

さらに、この「たうとう書かなかつた」のは、「その少し前に書いた」とあった「范の犯罪」と同時期の記述であるから、三年後の感想であろうと判断される。この辺の事情については後述する。

また「蜂の死」事件では、死んだ蜂を「死んだもの」と言い、生きている蜂を「生きてゐる物」としている。本来「生きている」のは「もの」であり、「死んだ」方を「物」というはずが、転倒している。川崎寿彦の指摘（注18）にもあるように、ここの部分には「死者の方がはるかに親しみやすい」「死者のほうが生きている」という「自分」が見られる。これは「殺す―殺される」の転倒と符合する。

一方では、生きている蜂は、死んだ蜂に対して、「一向に冷淡」で「全く拘泥する様子はなかつた」。このことは、青山墓地で、祖父や母の死骸の傍らに眠る「自分」を想像して、「お互いに何の交渉もなく」といっているのに重なる。「蜂の死」事件当時の「自分」にとって、生きていることと死んでしまったことは没交渉なのである。また、死んでしまうと一切の周囲から没交渉となるのだと感じている。その没交渉の意識があって、かつ「死に対する親しみ」を持っているのである。この状態が「殺されたる范の妻」を書く心境と重なるということになる。「殺す」から「殺される」への転換。それは、自己を客体として捉え、冷徹な眼で見ようとしているのだとも言える。

主体（主我）から客体（客我、注19）へと自己を捉えなおし、そして冷徹に自己を見ようとしながらもなお「死に対する親しみ」を持つに到った「自分」ではあったが、次の「鼠の死」事件では、また別の「自分」に出会う。

（3　過去の「自分」と向き合う今の「自分」）

「鼠の死」を見ては、「淋しい嫌な気持」になり「恐ろしい」と感じている。「殺されまいと、死ぬに極つた運命を担ひながら、全力を尽して逃げ廻つてゐる」鼠の様子に、「自分」は過去の「自分」を想起する。「電車に跳飛ばされて怪我をした」時のことを思い出し、「一番大切な事だけによく頭が働いた事」、「フェータルな傷ぢやないさうだ」と言われて「自分は然し急に元気づいた」ことを振り返る。ここの「然し」は通常なら「やはり」とあるところである。それが「然し」とあるのは、「自分」は「フェータルな傷」だといわれても慌てないという予測があった。ところがその予測に反して、現実の「自分」は「死」に対して恐怖を抱いていたのだということになる。つまり、想念としては、恐怖を抱いてはいなかったが、「自分」の体は恐怖に対して反応していたのだという矛盾を認めたのである。矛盾した自分があるものの、やはり恐怖感を持ってはいないというのは、「蜂の死」事件と同じである。

結局、「鼠の死」では、死に対した「自分」が、恐怖感を抱くのだということを認めつつも、「死に対する親しみ」を持っているのも事実として否定し難かったのである。その結果「あるがまま」という処置に落ちつく。落ちつくというよりは、思考放棄である。ただ言えることは、「蜂の死」事件までに比べ、過去の「自分」と向き合い始めたという違いがある。「蜂の死」事件の「殺されたる妻」に見られるように、「死に対する親しみ」「静かさ」への傾斜は、現実の「死の恐怖」からの逃避と考えられよう。

ところで、「鼠の死」事件では、家鴨が登場する。

> 傍の洗い場の前で餌を漁つてゐた二三羽の家鴨が石が飛んで来るので吃驚し、首を延ばしてきよろ／＼とした。スポッ、スポッと石が水へ投げ込まれた。家鴨は頓狂な顔をして首を延ばした侭、鳴きながら、忙しく足を動かして上流の方へ泳いで行った。

家鴨にとって、その傍らで「死」に対面している鼠は、自身とは無関係な存在にある。ちょうど「蜂の死」事件での「生きてゐる蜂」と死んだ蜂、青山墓地の祖父や母と「自分」の関係に当たる。「死」での無関係を「生」で捉えなおしたと言える。すると、死期迫った鼠がかつての「自分」であれば、鼠の死をよそ目にしている家鴨は現在（「鼠の死」当時）の

「自分」と言えよう。そして、
　顔の表情は人間にわからなかつたが動作の表情に、それが一生懸命である事がよくわかつた。
「人間にはわからなかつた」鼠の「顔の表情」。それは、過去の「自分」には見えなかったのだ。しかし今（「鼠の死」当時）の「自分」には鼠の「一生懸命」さが「よくわかった」のである。こうして、やっと「過去の自分」（注20）の「本統」の姿（一番大切な事だけによく働いた）に向き合い始めたのである。そうすると、「蜂の死」事件から捉え始められた「客体的な自己（客我）」も「本統」、「死に対する親しみ」も「本統」とするなら、「両方が本統」と認めなければならなくなってしまったのである。しかし、今の「自分」である家鴨は、それでも過去の「自分」である鼠を見ようとはしないのだ。

（4　〝本統〟の「自分」と向き合った「自分」）

　この「両方が本統」と認めた「自分」が、今度は、図らずも他者である蠑螈の死に関与してしまう。今までの「蜂の死」「鼠の死」はあくまでも他者の死でしかなかった。もちろん「蠑螈の死」も他者の死ではある。しかし、「鼠の死」によって過去の自分を振り返り、客体的自己（客我）を感じ始め、「蠑螈の死」で他者の死に自ら関与することで、それまで「無関係」「没交渉」であった他者の死に、「無関係」「没交渉」でいられなくなった。途端に「自分」の中の客体的自己も「気分で希ふ」などという安穏としたものでいられなくなった。「実際」に「影響」し始めてしまったのである。「実際」には「影響しないだろう」という予測は覆された。そこには、「自分」が「蠑螈」を「狙はなかつた」「不意」、つまりは「偶然」が共振している。ここに「偶然」は体感されたのである。そうなると、電車事故で助かった「偶然」を「死に対する親しみ」などとは捉えられなくなってくるのである。

　事故直後、「ロード・クライヴ」の言葉に「何か」を実感できなかったのは、客体的自己がなく、実感できる用意すらなかったから。それが、蠑螈の死を体験するや、今度は客体的自己に気付き始めているが故に、また「偶然」を体感できているが故に、死と背中合わせの「生」を感じては、「実際の喜びの感じは湧き上がつては来なかつた」のだ。

主体的自己（電車事故当時）では、蠑螈になりきれず、客体的自己だからこそ、蠑螈になりきれたのである。同様に、主体的自己の残る「鼠の死」事件当時では、電車事故の「偶然」の生は体感し切れなかったのだ。そして、「城の崎」滞在中に一貫して見られた「淋しい」「淋しさ」は、言葉こそ同じではあるが、その深さは大きく変質したのである。いや、その変質を予兆した底々流の深層意識とも言えるかも知れない（第1章末尾参照）。

「死に対する親しみ」が断たれた今、「殺された范の妻」など書く心境にない。「殺された范の妻」は、「死に対する親しみ」の具現化であったからである。「殺された范の妻」の書けなかったことは、三年後ではなく、「城の崎」滞在中にすでに結論があったのだ（注21）。こうしてみると、「死に対する親しみ」「殺された范の妻」は、「自分」にとって、一見「客我」と見えていた「似非客我」であり、その深層は「死への恐怖」が隠されていた。そして、「蠑螈の死」に「偶然」、「自分」が関与することで、その「似非客我」の薄皮は一気に剥がれ落ち、そこに見たものは、自他の区別のない「生き物の淋しさ」であったのだ。電車事故によって死の恐怖にたじろいだ「自分」は、無意識のうちに、客体的自己に転ずることで、「死に対する親しみ」をもち、自我解体を免れた。つまり心理的防衛であった。「其前からかかつてゐる長編の主人公には「主体的自己」の「考へ」があったのだろうか。それならば、「殺されたる范の妻」を書きたいという「自分」とは「大変異つて了つて」「弱つた」というのも当然だろう。これは側面から「自分」の変化を捉えている表現である。

この「蠑螈の死」事件で、「自分」が過去の「自分」としっかり向き合えた（注22）、あるいは生死の「偶然」をしっかりと「偶然」として捉えられたのは、図らずも「自分」が他の死に関与したから、つまり「無関係」「没交渉」ではいられなくなったからであると言えよう。

(5　「原因は知れた」の真相)

ところで、「蠑螈の死」事件の直前には、「桑の葉」事件がある。

そんな事があつて、又暫くして、或夕方、町から小川に沿うて一人段々上へ歩いていつた。山陰線の隧道の前で線路を越すと道幅が狭くなつて路も急になる、流れも同様に急になつて、人家も全く見えなくなつた。

「自分」は線路を越えた。これまで何度も振り返ってきたこと、そして、「城の崎」へやって来たことは、「自分」の電車事故に起因する。「自分」がその過去の体験にもう一度向かうかのように、その象徴である「線路」を超えるのである（注23）。物語は「蠑螈の死」へ「自分」を誘う（注24）。「生と死が測り知れないほど微妙なところで結びついている」（注25）「生と死、動と静とが紙一重にあることを語っている」（注26）。これらの批評どおり、一枚だけ揺れ動く「桑の葉」は、次に来る「蠑螈の死」事件での「偶然」の体感につながっているのだろうか。

「自分」は「原因は知れた」と語る。原因は確かに「知れた」と思ったのだろう（注27）。しかし、この言説は、そのまま生と死が「偶然」によって支配されると悟っているのではないことをも意味する。「何かでかういふ場合を自分はもつと知つてゐたと思つた」のがそれである。「何か」はあくまで「何か」である。「ゐた」であって「ゐる」ではない。過去のある時点で、「何か」を「知つてゐた」のである。その「何か」が「一つ間違へば」であった。ところが、知ってはいたが、それが今まで「偶然」として体感できてはいなかったのだ。「桑の葉」の不可思議な揺れは、「何か（偶然）」を知っているつもりでいて、実は体感できていなかった「何か（偶然）」を意味していたのだ。まだ「主体的自己」の段階もあって（＝両方が本統）、本当の「客体的自己」にはなりえていなかったのである。その意味では、「原因は知れた」もまさに次に来る「偶然」体感の序奏なのである（注28）。その「偶然」の体感は、やはり「蠑螈の死」に「不意」にも「自分」が関与するのを待たなければならなかった(注29)。そして、「蠑螈の死」に遭遇して始めて「死に対する親しみ」つまりは「客体的自己(客我)と見えていたもの」を超えてしまったのである。「自分」を冷徹に見つめていたつもりだった。ところが「蠑螈の死」体験によって、それまで「死の恐怖」から眼をそらし、〃本統〃の「自分」から遠ざかっていた「自分」に向き合ってしまったのである。「蠑螈の死」事件では、「両方が本統」なのではなく、「偶然」こそが「生き物」の〃本統〃の姿であると体感したはずだ(注30)。

「殺されたる范の妻」を書きたいという「要求」は、確かに「客我への目覚め」でしかなかった。しかし、「原因は知れた」を「偶然」体感へ押しやる原動力の一つには成り得ていたのではないか。そうすると、「城の崎」での「蜂の死」「鼠の死」「桑の葉」「蠑螈の死」事件は、抜き差しならない関係で配置されているのが察せられる。そして、「自己」を見つめる眼は螺旋状に深く掘り下げられていくのである。

「自分」は「自分」をよく知っていたと理解していたつもりだった。ところがそうではなかったのだ。自我(ここでは「客我」と見えていたもの)の解体は、「生き物の淋しさ」、生と死が「両極」なのではなく「それ程差はないやう」なものとして感じられることと相まって、「如何にも不確か」な「気分」に「自分」を誘わずにはおかなかったろう。「城の崎」へは、「脊椎カリエスになれば致命傷になりかねないが、そんな事はあるまい(中略)兎に角要心は肝心だから」と「後養生」に来た。しかし、「城の崎」での事件によって「自分」を振り返るなか、「脊椎カリエス」になる不安もさることながら、その不安を「死に対する親しみ」として、掻き消そうとしていた「自分」の姿を改めて認知することで、「自分」あるいは「人間」の「生き物の淋しさ」を体感するに及ぶ。そこには、「脊椎カリエス」への不安を超えて、「自分」というものへの認知不安が存在していると言えよう。単なる死生観というより、「自分」で「自分」が分からないという不安である。そうなると、もはや「三週間」以上「城の崎」にいて「後養生」することも、「不確かな」気分のなかに埋没されてしまうのである。

そして、三年が経過し、「自分は脊椎カリエスになるだけは助かつた」。つまり、「脊椎カリエス」にならなかった「だけ」の三年後の今の「自分」（注31）がある。その「自分」に、「〈意識していなかった生への力〉（注32）「当人の享受している生の世界に解放される（注33）」「死の淋しさからの解放」「生きる力の獲得」「死の恐怖から解き放たれた解放感」が全くないとは言えない。でなければ、語り手がわざわざ三年後の脊椎カリエス云々のことを語る必要はない。

「語り手が脊椎カリエスによる死の可能性から逃れるには、三年以上の時間が経ったところに語り手は位置しなければならなかった」（注34）のである。

しかし、何かの時に、「生き物の生と死とは偶然に支配される」ということ、「自分」を理解していたつもりで、理解し得ていなかった「自分」を想起する度に、「生き物の淋しさ」と同時に自己存在の「不確かさ」を素直に認めなければならない「自分」があることを忘れることはないだろう。「自己追求の末の自己（アイデンティティ）の喪失（注35）」とも呼べるものではないか。むしろそちらの方が、三年後の「自分」にとっても重大なのである。「殺されたる范の妻」を「たうとう書かなかつた」と語るのは、三年後の「自分」である。三年後の今も感じるものは「安堵」ではなく、「生き物の淋しさ」であるだろう。

バフチンは次のように言う。

語る者としての《私》と、語られる者としての《私》とは絶対に同一視できない。それは、私が自分の髪をつかんで自分で持ち上げることができないのと同じように、不可能なことである。（注36）

確かに「過去の自分（語られる自分）」と「語る自分（今の自分）」とは同じではない。しかし、「今の自分」が、確実に「過去の自分」の延長線上にあるが故に、「今の自分」自身と向き合える可能性をもっているのである。しかしまた、それが全く「今の自分」ではない。「過去の自分」は「今の自分」とは異なり、自己批判も可能であるが、「今の自分」を他人の眼として客観的に捉えることなど所詮不可能であるが故に、不確かな部分を保有することになる。その「不確かさ」が「脊椎カリエスになるだけは」の「だけ」によって言い表されているとも言えよう。

(追記)

もう十年も前のこと、私は一匹の犬の死に遭遇した。姉夫婦が飼っていたその犬は、もう老衰でかなり弱りっており、食べ物を口にするにも意欲のない有様であった。ある日、その姉夫婦がどうしても断りきれない所用で、しばらく家を空けなければならない事態となり、私に、その犬の食事の世話を頼んだ。食べなければそれでもよい、様子を見るだけでいいから、ということだった。もともと犬は嫌いではないので引き受けた。

その晩、件の犬に餌をやろうと出向いた。犬は見るからに生気もなく横たわっていた。しかし私の姿を見つけると、ほんの少し尻尾を動かして、私を迎えてくれたように見えた。私がおもむろに一枚のパンを口元に差し出すと、犬は思いのほか、まるで幾日も餌にありついていないような勢いでかぶりつくと、あっという間に一枚を飲み込んでしまった。

しかし、その直後、嗚咽とも嘔吐ともつかぬそぶりを見せたかと思うと、見る見る苦しみ始め、うらめしそうな視線を空に送ったまま、犬は息絶えた。私は慌てて犬の背中を叩いてやったが、もうどうしてやれなかった。無性に淋しい罪悪感が私を襲った。私は殺そうとして犬に近づいたのではない。むしろ哀れみをもって犬に接していたはずだ。犬がパンを喉につめたのは「偶然」だ。他の誰がしても同じ結果になったかもしれない。いやむしろ犬は死に際に元気な様子を見せようとかぶりついてくれたのだ。しかし、いくらそう思ってみても、「自分」のした行為が原因で犬を死に至らしめたことに変わりはない。

意図しないところで、私は犬を殺してしまったのだ。犬好きなわたしだから余計に苦しかった。たかが犬ではない。一つの命を自らの手が死に至らしめたという心の痛みは、しばらく消えずにあった。そして今でも何かあるとき、その犬の視線がふと思い出され、身につまされるのである。

文学批評に批評者自身の生活体験を持ち出すのは、ずいぶんと芸の無い話で顰蹙を買いそうであるが、稿者にとっては、この『城の崎にて』を論ずるにおいて、どうしても離れることのできない体験であり、テクストの「自分」もある意味では同じ心境にあったのではないか、と思われてならない。『城の崎にて』の「蠑螈の死」がそれである。一読者の読みが全て正しいわけではないことはよく知っている。しかし、稿者にとって『城の崎にて』は、この「蠑螈の死」の意味を考えずしては、読めなくなっているのである。むしろそういう個人的体験に裏打ちされた読みが、良くも悪くもテクスト論にはとって重要なことではないかと思う。

（注）

1. 冒頭添え書きはロラン・バルトの言葉であるが、芸術全般において、このようなことは常識的に認知されている。

・「創造的営為は芸術家のみによって行われるのではない。鑑賞者は作品に内在する特質を解読、解釈することによって作品を外の世界に触れさせ、創造的営為に貢献をはたす」（カルヴィン・トムキンズ著『マルセル・デュシャン』木下哲夫訳、みすず書房 2003 より）

・「自分が生み出す作品は、ある程度言葉で把握しているつもりだが、自分が意識していない世界が自ずから切り開かれていることもあるだろう。（中略）人は「音楽を虚心に聴く」ことから離れて、作曲家や批評家の与えた言葉が先に一人歩きしてしまうこともあるからだ。」（作曲家細川俊夫『朝日新聞』2003. 2. 19 朝刊コラムより）

2. 池内輝雄「「城の崎にて」論」（田中実・須貝千里編『「〈新しい作品論〉〈新しい教材論〉へ」』所収（右文書院一九九九）参照

3. 山口直孝『『城の崎にて』の叙述と構成」（『日本文芸研究』43-4、H4. 1）

4. 斉藤努「「城の崎にて」では、九箇所に「今」が使われているが、そのすべてが作中の出来事が展開しているその時すなわち城の崎滞在している時間点をさしている」、「志賀直哉「城の崎にて」—

なぜ「殺されたる范の妻」は書かれなかったのか」『国文学論叢』43巻（龍谷大 1998. 2）参照

5. 田中実は「作中の他の人物同様、読者まで一緒に知らさずに置いて、仕舞ひで背負い投げを食はすやり方は、読者の観賞がその方へ引張られる為め、其所まで持つて行く筋道の骨折りが無駄になり、損だと思ふ」という志賀直哉の言葉（『沓掛にて—芥川君のこと』）を引用して、芥川と志賀の「語り手」の違いから、「この小説の「自分」という男の回想は「三年以上」後の現在から見た療養中の出来事や心境について一言も記述していない。あたかも「三年以上」前の出来事が記述している現在の出来事のように書き進められ、両者の距離はいわばゼロである」（「新しい作品論のために」『読みのアナーキーを超えて』右文書院 1997 所収）とする。

しかし、『城の崎てに』の「語り」である「自分」も、「三年後」を知っていながら、知らない振りで語り出しているのであるから、『沓掛にて』の記述を理由に「両者の距離はゼロ」とは言えない。

斉藤努は「城崎滞在以前の回想すなわち中学時代、事故直後、「范の犯罪」執筆、十年前の蘆の湖などが含まれるが、これらは城崎に滞在しているときに回想が行われたのであり、執筆の際に行われたのではない」（前掲論文）とし、山口直孝は「視点の選択が情報の制御の一方法である以上、その転換を知る唯一の基準は、視点人物がその時点で知り得ない事柄が叙述されているかどうかになる」（前掲論文）とする。稿者は、斉藤努・山口直孝の観点を採る。ただ、「殺されたる范の妻」を「たうとう書かなかつた」のは、三年後の「自分」の感想である。その意味で、一部、三年後の「自分」が、「城の崎」滞在中時点に混入していると言うのである。

一部混入の説は、杉山康彦「志賀直哉における思想と文体」（『文学』38巻5号、1970. 5）を参照。杉山康彦は「この表現主体はけっしてその状況のなかにまきこまれてしまうことはないし、また一方、けっしてその状況から超絶したところで思惟する絶対主体でもない」「行動する自己其れを観察する自己、観察される自己と観察する自己」とする。また、「夕方の食事前にはよくこの路を歩いて来た」「自分はよく怪我の事を考へた」の「よく」に注目し、「この表現主体はここで〈よく〉といえるような反省的位置にいる」とする。その反省的位置は「三年後」と考える事もできるが、「城の崎」滞在中の時点ともいえよう。

6. 宮崎隆広「「城の崎にて」論」(『活水日文』26号 1993. 2)、赤嶺かおり「志賀直哉『城の崎にて』研究」『九州大谷国文』22号 H5. 7 九州大谷大学国語国文学会)参照。江種満子は、『いのち』の他に、志賀直哉作『家守』(1914)とも比較している(「「城の崎にて」の構成・位置など」『現代国語研究シリーズ10志賀直哉』尚学図書S五五所収)

7. 三谷憲正「「城の崎にて」試解―〈事実〉と〈表現〉の果てに」(『稿本近代文学』15集 1990. 11 筑波大学芸言語学系)、宗像和重「遠くへ、そして一人に―「城の崎にて」私注」『国文学』47巻5号 2002. 4)

8. 「「作品」内部にとどまり語りの提示する世界を引き受けること」云々とは、永井善久「城の崎にて」における〈共感の共同体〉―アレゴリーとしての「范の犯罪」―」『文学研究論集』11号、明治大学大学院文学研究科一九九九)の言であるが、それは、篠原拓雄の「作品の自律的構造を解明」するということへの批判であった。しかし、それは、篠原拓雄の方法論に見合う実践が不十分であったことにも起因する。その点について稿者は、「原因は知れた」の解釈で答えたい。

篠原拓雄「「城の崎にて」を読む―作品享受の前提―」(『金城学院大学論集国文学編』第25号 1983. 3)参照

9. 永井善久自身も「語りの世界に同調して〈共感の共同体〉に浸り込むという陥穽に填まることなく、テクストの読者に対する働きかけを前景すること」という。その点は稿者も同感である。同じことを、三谷憲正は「作品の〈表現空間〉をより効果的にならしむるために、ひとつ一つのエピソードが、そしてひとつ一つの言葉が〈設定〉として置かれていると〈読む〉べき」(三谷、前掲論文)

と言い、田中実は「プロットとそのプロットを支える内的必然性（メタプロット）の相関、すなわち、読み手のなかに起こるその〈ことばの仕組み〉の問題を読み解こう」（田中、前掲論文）と言う。これも同感ではあるが、それは、テクストごとに内部構造が異なるため、大げさに言えば、解析方法はテクストごとに異なるかもしれない。したがって、一つ一つテクスト解釈が勝負なのである。山口直孝の「創作家である「自分」の内発的発展ドラマを暗示する作品」とする解析（前掲論文）や、作品を一個の表現空間と見なす小林幸雄の論（「『城の崎にて』における〈自分〉」『日本近代文学』11号、H5.10）などは目新しい方法である。

10. 本多秋伍『志賀直哉上・下』（岩波新書 1990）、須藤松雄『志賀直哉』（明治書院 S60）など従来多く行われてきた、作家志賀直哉を論じるための『城の崎にて』解釈。最近では、志賀直哉の長女慧子の死（大正5年7月31日）が、『城の崎にて』成立に大きく関わったとする論（大野のぞみ「「城の崎にて」論」『活水日文』31号 1995.9）のような卓見もある。しかし、これもテクスト論の範囲を逸脱している。

11. 小泉浩一郎「『城の崎にて』――一つの終焉」（『テキストの中の作家たち』翰林書房 1992所収）など。

12. 鶴谷憲三「「城の崎にて」の構造」（『蟹行』3号、1998.3）

13. 草稿とされている『いのち』（大正三年）には、「鼠の死」事件の記述がない。作家論、乃至は比較作品論で言うなら、『いのち』執筆の時点で、作家志賀直哉には、「鼠の死」事件を経験をしていても、作品『城の崎にて』として結実させることができなかったと考えられる。それは『城の崎にて』の「鼠の死」が、「過去の自分に潜む、生への希求」を表現し、次の「蠑螈の死」の「偶然体感」へのつなぎ役となっていることを考えれば自明の論である。

14. 「蠑螈は偶然に死んだ」。当然その結果「自分は偶然に死ななかった」という気づきを生む。ところが、テクストの記述順序は、逆である。「自分は偶然に死ななかつた。蠑螈は偶然に死んだ。」となっている。これは、「蠑螈の死」を前にして、今まで自分の生死が「偶然」に拠っているという驚きが、「自分は偶然に死ななかつた」のだということをまず想起させた。次に（なぜなら）「蠑螈は偶然に死んだ」（のだからね）と、その理由が脳裏に響いたということなのであろう。「自分」の心理変化の軌跡がそのまま表現されている。

15.　亀井雅司は「今「いもり」に対しては好悪に左右されない、平静な態度で向かっていることを示そうとするからである」という。（「志賀直哉の短編」『国語国文』昭和46.3）

16.　電車事故と「蠑螈」を嫌った時期が同じかどうかという詮索はこの際重要でない。「城の崎」到着以前ということであればいい。斉藤努は「自分といもりとは、この事故において初めて同一化したのではなく、その前からすでに同一化していたのである」「唐突とされるこの部分は、いもりと自分との同一性を示すために必要なのである」（前掲論文）とするが、「いもりと自分の距離が如何に大きく離れていたか、を確認しておかなければならなかった、大事な一節のはずなのだ」とする三谷憲正（前掲論文）の意見を採りたい。過去において同一化できなかったものを同一化したという変化が大事なのである。別の表現で言えば、本来同化すべきものである「蠑螈」に同化できなかったのは、「自分」が他の生き物の生死と「無関係」「没交渉である」という深層の意識がそうさせていたとも考えていい。

17.　亀井雅司は「内面の安定をはかるため」とする（前掲論文）。

なお、池内輝雄（前掲論文）も「「その少し前」の「自分」と范とは同類の存在ということになる、いいかえれば、范の人物像を透かして、「少し前」の「自分」の人物像が浮かび上がる」とする。「過去の自分」への振り返りという点で同じである。

18.　「「生きている物」と「死んだもの」との対照において、「物」と「もの」とが〈パラドキシカル〉に使い分けれられいるということもいえるかもしれない。」（川崎寿彦『分析批評入門』至文堂 S49）

19. 南博は、人の自我を「主我（主体的自我＝する自分・見る自分）」と「客我（客体的自＝対象として自我、される自分・見られる自分）」として分け、その「客我」はまた「内的客我（自分から見られる客我＝内省する客我）」と「外的客我（他者から見られた、他者が抱いていると思われる自分についての推測されるイメージ）」とに分けられると説明する。稿者の「過去の自分」「今の自分」は「内的客我」にあたる。他人の眼になって見たときの「自分」という意味で、自他という相関関係のなかで振り返られた「自我」を言う。南博『日本的自我』（岩波書店一九八三）を参照。「城の崎にて」の「自分」は、ミードの「I」と「me」や、ラカンの「鏡像」とは、社会的批判を含まない点という点でやや異なる。

20・杉山康彦、前掲論文

21・山口直孝は、これを三年後と位置付けている（前掲論文）が、稿者は斉藤努の「城の崎滞在中」という意見（前掲論文）に与したい。

22・池内輝雄、前掲論文を参照

23・三谷憲正、前掲論文を参照

24・国松昭「『城の崎にて』私論」（『東京外国語大学百周年記念論文集』1999）

25・高橋英夫「感情の闇から存在の明視へ」（『国文学』1976. 3 学燈社）

26・宮越勉『志賀直哉』武蔵野書院 1991

27・『続々創作余談』には、「葉柄が真直ぐに風の来る方向に向かつてゐて、最初何かで、葉が一寸動くとあとは振子のやうに　微かな風に吹かれつつ運動が止まらなくなつたのである。」と作者志賀直哉自身が解説をつけているが、テクスト解釈については、ほとんど意味をなさない。篠原拓雄は、「極端に言えば、原因の合理的説明を拒否しているのであって、「原因は知れた」だけで、完全であって作品がそれ自体で表現しているすべてである」として亀井雅司の論（前掲）を紹介している。但し、「合理的説明」が書かれていないことの意味について、いずれも究明されてはいない。篠原拓雄、前掲論文参照

28・田中実は「原因は知れた」の部分に対して、「死

と向き合って何ものにもおびやかされることのない、自律的で自己完結的な世界が自立している(中略)死に逆照射された生の心境、例えば自分だけに知れる桑の木の葉の一枚の動きを、読み手の意向をも超え「自分」だけに分かるとして自己完結させている世界である。(中略)現在の「自分」は、既に「三年以上」前の城崎温泉で療養中、この危うい、死と向き合った生のなかで、透徹した生死一如の気持ちを手に入れており、そうであれば、「三年以上」前の「自分」は、自己批判すべきことは一つもない。」(前掲論文)とするが、「桑の葉」事件後に「蠑螈の死」事件があり、その後「不確か」な気持ちになっているのを考えれば、「透徹した生死一如の気持ち」とはならない。田中氏自身が『城の崎にて』のプロットをなす「自分」の心境は冒頭の事故から全てが始まるのではなく、『范の犯罪』の主人公の気持ちでいたかっての「自分」がこの事故を契機にして、「殺されたる范の妻」気持ちに変わる、そうした経緯を一つ持っていたのである」と語るように、「自分」の表層意識は、事故以前から「城の崎」到着後、そして「蜂の死」「鼠の死」を承けて、「桑の葉」「蠑螈の死」、そしてそれらを統括して「三年」後へと確実に一本の時間軸上に並んでくるのである。したがって「原因は知れた」という認識のあとに「足を踏む感覚も視覚を離れて、如何にも不確かだった」と続けば、それはもう「透徹した生死一如の気持ち」ではありえないだろう。「城の崎」到着以前の全ての事件が、場面場面で回想されるなかで、過去の「自分」が、意識の上で一本の時間軸上に並ぶ。しかし、その都度の「自分」の振り返りが、あくまでも「自分」自身によるものであって、「自分のフィルター」を通して見るために、見えるものは自分の造ったものという背理を含むのである(田中実の同論文)。だから、「原因は知れた」も、その時点では「知れた」つもりであった。しかし、自動的にその後の「自分」に認識の変化が来るものと覚悟しなければならない。

29・山本雅子「木の葉では〈生と死〉の表裏一体性、「蠑螈」では〈死〉の非意図性(偶然性)につい

てのイメージが具現化されている。」（前掲論文）

30・鶴谷憲正（前掲論文）の「蜂の件では、無意識下にひそむ生本能は全く捨象され（中略）「自分」がイモリに小石を投げたのは、（中略）生き物が生本能に執着するという先の発見をも否定したことになる」と言うのも同じである。

31・山本雅子は「「助か」りたい」と思う対象が、「脊椎カリエスになる」ことの他にあったのだが、他の対象は「助か」らなかったということになる。」（前掲論文）とし、鶴谷憲三は「いついかなる《偶然》によって、新たなる《致命傷》が襲うかも知れないという危機からは免れていない」（前掲論文）とする。その意味では「〈自分（c）〉の〈地獄〉の心境は継続中」（宮崎隆広・前掲論文）なのだが、それには単なる「生命の不安」には収まらないものがあると稿者は感じる。

32・平居謙の解釈は、電車事故に遭遇した「自分」が「一番大切な事だけによく頭が働いた」という所を、「ほんとうは、生と死とはそんなもの（死に対する親しみ）ではないようだという、根本的なところでの反措定になっている」とするところから来る。しかし問題は、氏も言うように「自分が持っていた死に対する親しみ、という思い込みは、間違っていた」のであり、そのことは、過去の「自分」に対する「生き物の生死など、親しみのもてるような甘いものではないのだ」という「今（イモリの死事件当時）の自分」の反省である。それは「城の崎」滞在最後の「生き物の淋しさ」となって、「自分」に迫ってくるのである。（平居謙「「城の崎にて」小論」『国語展望』84尚学図書H2を参照）

33・佐々木靖章「城の崎にて」（『一冊の講座　志賀直哉』所収 S57）

34・松本修「文学教材のナラトロジー　語り手としての人物」（『月刊国語教育』1998.12）

35・稿者の意見は、江種満子の「死と生のけじめのない不気味さが人意を超越したものであるという理解は、人が主我を立てることの無駄であることを理解することでもある」（前掲論文）、池内輝雄の「「自分」は城崎に来て以来、自身を見つめ、考えてきたことが無意味になるような〈先祖返り〉をしてしまった」（前掲論文）というのに当たる。ただし、江種氏は、それを『暗夜行路』の結末との関係で述べている。先にも触れたように、稿者は、結果として比較作品論や作家論と結論が重なっても構わないという立場をとる。

なお、最近の論には、「脊椎カリエスになるだけは助かった」の意味について、「だけ」の背景にあるものを究明しようとする論が出始めた。大野のぞみは「「自分」の中には別の問題が残っていることを意味しているのではないだろうか」として、それに「如何にも不確か」を捉え、それを「〃現実〃に生きている実感のない、欠如めいたこの感覚」とする（前掲論文）。山崎正純は「死者を見送る者の〈淋しい気持〉を原点とする〃生者の倫理〃」とする。（「流れを遡る」『叙説』20号 2000. 6)。

36・「小説の時空間」（『ミハイル・バフチン全集6』北岡誠司訳所収、新時代社 1987)

※なお、「城の崎にて」原文の引用は、『志賀直哉全集第二巻』（岩波書店昭和四八年刊）に拠り、一部漢字は新字体に改めた。引用論文の「いもり」「イモリ」についてはそのままにしてある。

また、原文中の傍線・波線・（中略）は宮脇である。

※（追記）の部分は、拙論発表当時は掲載を控えたが、ここに改めて付記した。

三 「語り手の気づきと変容」

――クライエントとしての語り手・李徴――

(0 小説の語り手)

稿者は、高等学校国語教材として、長らく採用されてきた作品について、特にそれぞれの作品の「語り手」に注目して論じてきた(※注1)。それぞれの物語の中での立ち位置は異なるものの、「語り」には常に「語る時間」を伴い、その時間の経過によって、語り手が過去の自身のなんらかに気づき、時にはその気づきによって自己の変容を来し始める(※注2)、という共通点がある。この「語りの変容」というのは、カウンセリングにおける来談者(クライエント)の変容と似ていないだろうか。

来談者中心のカウンセリングの手法において、カウンセラーはひたすら来談者(クライエント)の語る話を「聴く」ことに徹する。悩みを抱える来談者は、カウンセラーの相槌や話法に釣られて、自らの境遇を語る。その語る中で、来談者はそれまで気づかなかった自身の落ち度や思い違いに気づき、自ら変わることで他との精神的関係性を取り戻しながら立ちあがってゆく。これがカウンセリングの本質であるという(※注3)。物語の語り手においても、語り手自身の過去の在り様について、語る途中で気づいていくという現象がみられる。特に一人称小説の場合、その気づきによって、語り手自身の変容の様子が読み取れることがある。

「語り手の気づき」という観点から、『山月記』のテクスト構成を考察してみたいと思う。

(1 「おれ」と「自分」)

物語は、郷党の鬼才として青年期を過ごした主人公李徴が、進士に登第し、官吏として身を立てるも飽き足らず、詩人として名を後世に残すことを夢見るが達せず、そのジレンマのなかで発狂するという経緯を語るところから始まる。

発狂後、官吏として所用地に向かう故人袁惨の一行に、虎の姿となってしまった李徴が出くわす。李徴はあわや故人に食らいつこうとするや、我に返り茂みに身を隠す。かすかな声を頼りに友人李徴であることを見抜いた袁惨に、李徴は自らの生い立ちと今の思いをぶちまける。李徴の込み上げる思いが李徴自身の肉声で語られる。それを袁惨は、李徴の潜む叢の旁らに立って静かに聴く。

後で考えれば不思議だったが、その時、袁惨は、この超自然の怪異を実にすなおに受け入れて、少しも怪しもうとしなかった。

常識にとらわれない袁惨の聴き方はカウンセラーそのものである（※注４）。

一方、物語りの語り手は、冒頭では物語に対して客観的立ち位置にいたが、途中から主人公李徴と同化してしまう。

袁惨は恐怖を忘れ、馬から下りて叢に近づき、懐かしげに久闊を叙した。そして、なぜ叢から出て来ないのかと問うた。李徴の声が答えて言う。

これに続く李徴の会話には「　」が付いていない。もちろん途中には語り手の説明は入るが最後まで李徴の発話には「　」が付かない。李徴と語り手が同化することで、李徴自身の過去の過ちに対して、語り手の手を借りずに、自らが向き合い気づいてゆくことになるのである。

李徴自身の語りでは、初めは「自分」という一人称で自身を表現する。その内それが「おれ」という表現に変わってくる。「自分」が「公のなかの私的な部分」という場面での自称、「おれ」は「おれ―お前」の間柄で使われる自称という違いがあるものの、「自分」も「おれ」も、それぞれが「謙譲と自尊」、あるいは「へり下りと威張り」の両方を含意することがある。しかし、「おれ」にはさらに、「自尊自負と自嘲自虐」が色濃く感じられる。（※注5）。「己（おのれ）」という自己蔑視の強い反照代名詞が使用される場面は「おれ」の出現場所と重なる。

・己の残虐な行いのあとを見、己の運命を振り返る時
・己の珠にあらざることを惧れるが故
・己の珠なるべきを半ば信ずるが故
・己の内なる臆病な自尊心
・己の乏しい詩業のほうを気にかけているような男

李徴の「自嘲癖」は自尊自負の裏返しである（※注6）。テクスト中の「尊大な羞恥心」「臆病な自尊心」という表現は、まさに「おれ」と自称する李徴の心理そのままであり、「尊大な自尊心」「臆病な羞恥心」となっていないのは、自尊心と羞恥心が表裏一体で不可分なものであるからに他ならない。

　思えば、『山月記』はひたすら自分のことを語る李徴の物語である。途中から語り手と李徴が同化してからは、李徴の自己語りが中心となる。

> おれの中の人間の心がすっかり消えてしまえば、おそらく、そのほうが、おれはしあわせになれるだろう。だのに、おれの中の人間は、そのことを、この上なく恐ろしく感じているのだ。ああ、全く、どんなに、恐ろしく、哀しく、切なく思っているだろう！　おれが人間だった記憶のなくなることを。この気持ちはだれにもわからない。だれにもわからない。おれと同じ身の上になったものでなければ。（傍線は稿者、以下同じ。）

この切ない苦境を語る場面でも「この気持ちはだれにもわからない」と、人との距離を自ら置いてしまう李徴。その一方で、「今もなお記誦せるものが数十ある。これをわがために伝録していただきたい。」と、自らの漢詩を書き取らせる行為には、虎となり果てた今においても、詩人となることへの執着をまだ見せている。傍線部「思っているだろう」が、なぜ「思っている」ではないのか。それは、同じ自分の頭の中ではありながら、「おれ」の領域の方からは、「自分」の領域の思いを推察することでしかできないからである。それほどに、同じ一つの身体でありながらも領域外の思考さえも制御できない、引き裂かれた状況が察せられる。

(2　(非常に微妙な点において)　欠けるところ)

袁惨は、部下に命じて書き取らせた李徴の漢詩に対して、「格調高雅、意趣卓逸、一読して作者の才の非凡を思わせるものばかりである。(中略)なるほど、作者の素質が第一流に属するものであることは疑いない。しかし、このままでは、第一流の作品となるのには、どこか（非常に微妙な点において）欠けるところがあるのではないか」と、感じ取った。「どこか(非常に微妙な点において)欠けるところ」とは、何か。

旧詩を吐き終わった李徴の声は、突然調子を変え、自らをあざけるがごとくに言った。(中略)

笑ってくれ。詩人になりそこなって虎になった哀れな男を。(袁惨は昔の青年李朝の自嘲癖を思い出しながら、哀しく聴いていた。)

この「自嘲癖」は、袁惨に向けて発せられた李徴の最後の即興の漢詩の中にも、読み取れる(※注7)。「君已乗軺気勢豪」においては、今しも話を聞いてくれている袁惨を「君」として取り上げ、自分の境遇と比較して自嘲自虐の材料としている。「今日爪牙誰敢敵」においては、虎である自分に誰も近づかないのは「今日」だとあるが、それは李徴が人間だった時からである。

　ちょうど、人間だったころ、おれの傷つきやすい内心を誰も理解してくれなかったように。

むしろ、李徴は自ら人を寄せ付けてこなかったのである。「偶因狂疾成殊類」と、虎となった運命を「偶(たまたま)」と言ってはいるが、自己自身にその原因のあることに及んでいない。実は「偶(たまたま)」ではなく、虎となる運命は必然だったのである。

　しかし、なぜこんなことになったのだろう。わからぬ。全く何事も我々にはわからぬ。理由もわからずに押しつけられたものをおとなしく受け取って、理由もわからずに生きてゆくのが我々生き物のさだめだ。

『山月記』前半のこの部分。一見して人間存在の一般論のような記述が突如登場するのには、何か理由があるのだろうか(テクスト論では、作者中島敦の人生観がここに現れた、とは解釈しない。テクストは作品内部の中だけで完結するものであるから)。それは、虎になる運命が李徴自身だけのものではなく、人間誰しもがそうなのだ、と思いたい李徴の心理であり、またその運命を理由もわからぬまま、生きていかねばならない現実を、「我々生き物のさだめ」と一般化にしてしまいたい李徴の逃避心理である。

　いったい、獣でも人間でも、もとっは何かほかのものだったんだろう。初めはそれを覚えているが、次第に忘れてしまい、初めから今の形のものだったと思い込んでいるのではないか?

この部分は、虎の姿となった原因が李徴自身の中にあることを未だ李徴自身が気づいていないことを物語る。

(3　語り手の気づき)

漢詩朗読の後の自己語りの中で、ようやく自身に原因のあることを気づき始めた。

なぜこんな運命になったかわからぬと、先刻は言ったが、しかし、考えようによれば、思い当たることが全然ないでもない。人間であった時、おれは努めて人との交わりを避けた。人々はおれに倨傲だ、尊大だと言った。実は、それがほとんど羞恥心に近いものであることを、人々は知らなかった。もちろん、かつての郷党の鬼才と言われた自分に、自尊心がなかったとは言わない。しかし、それは臆病な自尊心とでも言うべきものであった。おれは詩によって名を成そうと思いながら、進んで師に就いたり、求めて詩友と交わって切磋琢磨に努めたりすることをしなかった。かといって、おれは俗物の間に伍することも潔しとしなかった。ともに、わが臆病な自尊心と、尊大な羞恥心とのせいである。己の珠にあらざることを懼れるが故に、あえて刻苦して磨こうともせず、また己の珠なるべきを半ば信ずるが故に碌々として瓦に伍することもできなかった。おれは次第に世と離れ、人と遠ざかり、憤悶と慙恚とによってますます己の内なる臆病な自尊心を飼いふとらせる結果になってしまった。人間はだれでも猛獣使いであり、その猛獣に当たるのが、各人の性情だと言う。おのれ場合、この尊大な羞恥心が猛獣だった。虎だったのだ。これがおれを損ない、妻子を苦しめ、友人と傷つけ、果てはおれの外形をかくのごとく、内心にふさわしいものに変えてしまったのだ。今思えば、全く、おれはおれの持っていたわずかばかりの才能を空費してしまったわけだ。人生は何事をも成さぬにはあまりに長いが、何事かを成すにはあまりに短いなどと口先ばかりの警句を弄しながら、事実は才能の不足を暴露するかもしれないとの卑怯な危惧と、刻苦を厭う怠惰とがおれのすべてだったのだ。おれよりはるかに乏しい才能でありながら、それを専一に磨いたがために、堂々たる詩家になった者がいくらでもいるのだ。虎となり果てた今、おれはようやくそれに気がついた。それを思うと、おれは今も胸を灼かれるような悔いを感じる。おれにはもはや人間としての生活はできない。たとえ、今、おれが頭の中で、どんな優れた詩を作ったにしたところで、どういう手段で発表できよう。まして、おれの頭は日ごとに虎に近づいていく。どうすればいいのだ。おれの空費された過去は？おれはたまらなくなる。そういう時、おれは、向こうの山の頂の巌に登り、空谷に、向かってほえる。この胸を灼く悲しみをだれかに訴えたいのだ。おれは昨夜も、あそこで月に向かってほえた。だれかにこの苦しみがわかってもらえないかと。しかし、獣どもはおれの声を聞いて、ただ、懼れ、ひれ伏すばかり。山も木も月も露も、一匹の虎が怒り狂って、哮っているとしか考えない。天に躍り、地に伏して嘆いても、だれ一人おれの気持ちをわかってくれる者はない。ちょうど、人間だったころ、おれの傷つきやすい内心をだれも理解してくれなかったように。おれの毛皮のぬれたのは、夜露のためばかりではない。

「おれの場合この尊大な羞恥心が…虎だったのだ。」

「人生は何事をも成さぬにはあまりに長いが、…事実は才能の不足を暴露するかもしれない…おのれのすべてだったのだ。」とあるように、虎になった原因が自身にあることに気づき始めた李徴ではあった。それでも、「おれよりはるかに乏しい才能でありながら、それを専一に磨いたがために、堂々とした詩家になった者がいくらでもいる」と他を寄せ付けず、「碌々として瓦に伍することもでき」ずと、他を「瓦」とまで呼ぶ尊大さをまだ持ち続けている。また、李徴自身の苦境を誰かに理解を求めようと空谷に向かってほえるが、「だれ一人おれの気持ちをわかってくれる者はない。ちょうど、人間だったころ、おれの傷つきやすい内心をだれも理解してくれなかったように。」と、眼の前に居る袁惨さえもが、理解してくれなかった存在であるかのごとくと述べる。

この述懐のくだりは、全て「おれ」で語られる。「おれ」は、自尊自負と自嘲自虐の心理状態を表していた。妻子友人をも苦しめ、我が身が虎となってしまった原因を、自身の「臆病な自尊心」と「尊大な羞恥心」とにあることは気づき、人前で述懐して表明して見せることが出来た。自己の「臆病」と「羞恥心」を曝け出すことが出来たのだ。

（4　「自嘲癖」を引きずる李徴）

自らの「臆病」さと「羞恥心」を曝け出すことができたのは、李徴自身の大きな変容であった。しかし、自己の「自嘲癖」だけは未だに引きずっている。

> 言い終わって、叢中から慟哭の声が聞こえた。袁傪もまた涙を浮かべ、欣んで李徴の意に添いたい旨を答えた。李朝の声はしかしたちまちまた先刻の自嘲的な調子に戻って、言った。
>
> ほんとうは、まず、このことのほうを先にお願いすべきだったのだ、おれが人間だったなら。飢え凍えようとする妻子のことよりも、己の乏しい詩業のほうを気にかけているような男だから、こんな獣に身を堕すのだ。

妻子に思いを馳せるべきであった、との気づきの為には、虎となるまでの人間としての期間はもとより、袁傪と出会って自らのことを語り始めるまでの時間が必要であった。そして「語り」という李徴自らの行為の中で、自身が発見したのである。しかし、妻子のことを気遣うべきことの発見に至っても、なお自称「おれ」が登場している。やはり、自嘲自虐の意識は「自分」ではなく、「おれ」で表出されている。その「自嘲癖」に、李徴自身が気づいている様子はない。この自虐癖がある限り、虎となる運命は避けられなかったのである。

ところが、いよいよ李徴最後の袁傪への依頼のくだりでは「自分」で語られている。

> そうして、付け加えて言うことに、袁傪が嶺南からの帰途には決してこの道を通らないでほしい、その時には自分が酔っていて故人を認めずに襲いかかるかもしれないから。また、今別れてから、前方百歩の所にある、あの丘に登ったら、こっちをふり返って見てもらいたい。自分は今の姿をもう一度お目にかけよう。勇に誇

ろうとしてではない。わが醜悪な姿を示して、もって、再びここを過ぎて自分に会おうとの気持ちを君に起こさせないためであると。

このくだりは、間接話法である。従って、三度使用されている「自分」は、テクスト当初の本来の語り手が李徴を指して言ったものであって、李徴自身がどう述べたかは定かではない。ただ、このくだには、もはや自嘲的な内容はない。

振り返って見ると、妻のことを袁惨に依頼する前の李徴は「おれは向こうの山の頂の巌に登り、空谷に向かってほえた。この胸のを灼く悲しみを訴えたいのだ。おれは昨夜も、あそこで月に向かってほえた。だれかにこの苦しみがわかってもらえないかと。」と述べている。

故人袁惨との久し振りの再会の最初の場面でも、「自分は今や異類の身となっている。どうしておめおめと故人の前にあさましい姿をさらせようか。かつまた、自分が姿を表せば、必ず君に畏怖嫌厭の情を起こさせるに決まっているからだ。」とも述べていた。それが、テクストの最後には、「自分は今の姿をもう一度お目にかけよう。わが醜悪な姿を示して、もって、再びここを過ぎて自分に会おうとの気持ちを君に起こさせないためである」と、故人袁惨を気遣う李徴が見え始めた。

また、自身が虎になった経緯を振り返るという李徴自身の語りの中で、李徴は、自らの詩への執着、妻子友人への不義理、それらが自身の「臆病な自尊心」と「尊大な羞恥心」によってますます良き方向には進まなかったことを自身で語り、表明することができた。これは李徴にとって大きな変容であった。しかし、故人袁惨が青年李徴の時代から気づいていた李徴の「自嘲癖」を、ついに李徴自身が語ることはなかった。再度『山月記』の前半の李徴の語りに目を向けてみよう。

ほかでもない。自分は元来詩人として名を成すつもりでいた。しかも、業いまだ成らざるに、この運命に立ち至った。かつて作るところの詩数百編、もとより、まだ世に行われておらぬ。（中略）とにかく、産を破り心を狂わせてまで自分が生涯それに執着したところのものを、一部なりとも後代に伝えないでは、死んでも死にきれないのだ。

袁傪が部下に命じて筆を執って叢中の李徴の声に従っておよそ三十編の漢詩を書き取らせる直前の李徴の語りである。このくだりの自称は「自分」で語られている。つまり、漢詩に執着する自身を客観的に語るところには、「自嘲癖」が現れていない（※注8）。しかし、この直後に李徴は長短およそ三十編の漢詩を朗唱し、「自らをあざけるがごとくに」胸の思いをはき出す。そして、「お笑い草ついで」にと即興の師を述べる。漢詩の朗唱に没入するや、たちまち「自嘲癖」が現れるのである。

こうして見ると、袁傪が李徴の漢詩から感じ取った「どこか（非常に微妙な点において）欠けるところ」とは、やはり李徴のもつ「自嘲癖」であったのではないか（※注9）。

（5　李徴の変容と不変）

李徴自身が自らの「臆病な自尊心」「尊大な羞恥心」を他に表明して見せることはできた。そのことは、李徴自身にとっては大変な自己変容であったろう。しかし、自らを嘲り笑って、自己防衛を固めてしまうのでは、自ら人を遠ざける行為となってしまう。それは、人が李徴の漢詩を受け入れる余地を失うことに繋がる。さすが温和な袁傪においてすら、閉塞感を感じとったのではないか。

李徴が虎になってしまったのは、李徴のことを誰もが理解しなかったためでもなく、「偶（たまたま）」狂疾によって虎になったわけでもない。全て自らの自嘲癖が原因である。よって「我々生き物のさだめ」ではなく「李徴のさだめ」だったのである。

李徴の「自嘲癖」。それは李徴自身の自己防衛心理（※中10）でもあったろう。漢詩に没入する李徴自身の心の底においても、社会と隔絶してしまうことを良しとしない良識のかけらがあったのではなかったか。それを言動として反映することができなかった李徴の狭小さが虎という形となって現れたのであろう。李徴は「自嘲」することで自身を守ったのである。しかしその「自嘲癖」が、李徴が虎となる究極の原因であったことを、最後に李徴自身は理解していたろうか。末尾のくだりでは、語り手の間接話法になることによって、李徴自身の語りは物語からフェードアウトしている。李徴自身の「自嘲癖」は、ついに自らの言葉で語られることはなかった。李徴が自身の「自嘲癖」を脱出できたかどうかは分からないにしても、故人袁惨への李徴の気遣いとともに、語り手の間接話法によって本テクストが閉じられることは真に味わい深い。

（注）

1・拙論「太田豊太郎―「弱くふびんなる心」をめぐって―」（『兵庫国漢』第46号、平成12年3月刊）

・拙論「『城の崎にて』の読解―語る「自分」と語られる「自分」―」（『兵庫国漢』第49号、平成15年3月刊）

・拙論「『羅生門』の読解―〈作者〉と末尾の関わり―」（『兵庫国漢』第60号、平成26年3月刊）

2 飯野由美子「2 身体構成と自己意識の可能性―カント及びフッサールの時間論の深淵から―」（新田義弘・河本英夫編 世界思想社 2005年刊『自己意識の現象学』所収）には次のようにある。

「自己意識とは自分で自分を意識する反省であり、そのためには、たった今という形で、〃振り向く自分〃と〃振り向かれる自分〃との間に原―距離が生じていなければならない。この意味で、時間化としての反省に先立って、根源的な「流れること」がなければならない。これをフッサールは「流れる現在（nunc《ヌンク》 fluens《フルエンス》）」と呼ぶ。だが他方では、その反省が自分自身についての反省として成立するには、反省する自己と反省される自己が同一である、ということがすでにしられているのでなければならない。この流れの中で同一にとどまりつづけるものを、フッサールは「立ちどまる現在（nunc《ヌンク》 stans《スタンス》）」と呼ぶ。現象学において「生き生きした現在」とは、このように「立ちどまること」と「流れ去ること」という両義的性格をもっている。一見相矛盾する両者の統一の中で、自己意識ははじめて成立するのである。（中略）カントによれば、われわれが自分自身を意識するのは時間においてであり、そのため時間が知覚されるということがなければ自己意識もありえない。ところが、われわれは「内観の形式」たる時間そのものを知覚することはできず、時間は何か恒存的なものを介してはじめて知覚されるという。その理由は時間の本質が変化にあるからである。変化というものがまったくないのならば、時間を知覚することはできないであろう。しかし、何か変化したといえるためには、恒存的な何ものかがなければならない。「変化とは、まさに同一の対象のある存在の仕方に引き続いて生ずる別の存在の仕方」だからである。「変化する（verändert）のはすべて恒存的であり、その状態のみが変易する（wechselt）」。したがって、何か恒存的なものがなければ―変易のみでは―われわれは時間を知覚することはできず、それゆえ時間における自己の存在をも意識することができない。このようにカントもまた、自己意識をもつためには、変化し流れ去るもの（変易）と不変にとどまるもの（恒存的なもの）の両者が必要だと主張しているのである。」（p32）

3　『河合隼雄のカウンセリング入門』（創元社 1998年刊）より抜粋する。

・「「だれかが聴いている」ということ、これほどすごいことはないんです。決して「野放し」ではない。」（p64）

・「聴いていると、だんだん、だんだんだん出てきます。全然何にもわからんというときでも、黙って聴いていていたら、だんだんとその人のまわりのことが、その言葉のなかに出てくるんですね。」（p76）

・「一時間もやっていたら、来た人が自分でずっと整理していかれます。」（p84）

・「その人は一人考えているだけではなくて他人にしゃべっているわけですから、しゃべっているうちに何となく筋が見えてきますね。その見えてくるもののなかで、その人が自分の力で立ち上がっていくんじゃないか、」(p96)
・「聴いてもらっているという気持ちがあるからこそ話していけるんだと思うんです。そこで、自分なりに焦点が絞られてきて、わかってくる。」(p120)
・「生きた人間と話しているうちに、だんだんわかってくるということを、クライエントも経験するんでしょうね。」(p120)
・「その人が話をするのにまかせておく、これこそ精神分析の考え方なのです。」(p125)

4　同前『河合隼雄のカウンセリング入門』より引用
・「むしろ、われわれは聴き手に回っています。そこで大事なことは、「心をうんと広げて聴く」ということだと思います。つまり常識にとらわれないということです。」(p222)

5　三輪正『一人称二人称と対話』(人文書院 2005年刊)より引用
・「「自分」は(中略)江戸時代からすでに反射指示の代名詞や一人称として、時には二人称として使われた」(p38)
・「ジブンに注目するのは、(中略)日本語一人称の意味上の特色として謙譲と自尊、あるいはへり下りと威張りとがよくうかがわれ…」(p39)
・「公のなかの私的な部分という意味でジブンを一人称に使うことは、遠慮をともなう自己卑下ですが…」(p39)
・「オレは古代には相手を低く見ていう二人称であって、転じて相手が同等または目下の時にいう一人称になった…(中略)一人称としてのオレはボクと同様なへり下り、自己卑下による一人称だったと言えましょうが、同等以下への一人称という点では尊大にも威張りにもなる一人称です。」(p51)

・「自分について自問自答的にオレが使われることがあります。その場合には自嘲、自虐の気味も出てきます」（P52）

・「｛二人称における敬意の段階では（稿者注）｝近松世話物では、オマエが一番高く、（中略）最下位に蔑りことばとしてオノレがくるとのことです。」（p76）

・「ワレやテメエ、オノレなどのように強い怒りや憎悪をも含む二人称…（中略）オノレはほとんど呪詛のことばにさえなっています。」（p83）

※一人称の「おれ」「自分」「おのれ」については、稿者にも詳細に論じたものがある。

・拙著「中島敦「山月記」―自称語（おれ・おのれ・自分）の使い分けから―」（兵庫県立小野高等学校『研究紀要第12号』平成9年3月刊）

6　梶田叡一『自己意識の心理学［第2版］』（東京大学出版会1988年刊）より

・自己評価は自らに対する不満と不満足の二種からなり、自慢・自負・虚栄・自尊・尊大・虚飾は自らに対する満足と同意語であり、遠慮・卑下・当惑・自疑・羞恥・屈辱・悔恨・不名誉感・絶望感は自らに対する不満足と同意語であるとされる。（p39）

・人は自分自身を肯定的に見たいという強い本来的欲求を持っており、どんなに無理をしてでも自分に自信を持ち、高い自尊心と自負心がもてるようでありたい。このため、現実の成功経験や承認経験とは関わりなく、願望的な空想ないし自己欺瞞によってそれを達成しようとすることがある。ここから、現実世界との対応を持たない自己概念の形成とそれへの固執が生じてくるのである。サイモンは、自己に対する評価的な態度を自己愛という言葉で呼び、この自己愛には、現象的には類似しているものの本質的には全く異なる二種のものがあると述べる。（中略）ここで第二種と呼ばれている非現実的で願望的ないし空想的な自尊意識のあり方に対しては、十分な注意が必要であろう。こうした意識は、ひとりよがりのものになりやすく、現実との対応に欠けるために、常に脅かされ、不安をはらまざるをえない。このため、こうした願望的な自己概念を作り上げることで自分自身を意味づけ、価値づけようとする人は、強い防衛的構えを取らざるをえなくなり、自閉的になったり攻撃的になったりすることになる。(p104)

7

「山月記私考―李徴の詩についての考察―」(2010.11.25) インターネット　若林) より引用「山月記の解説書を読むとき、いつも疑問に思うことがある。それは、「人虎伝」との関係である。李徴の即興の詩が、「人虎伝」の中の詩と同じだから、作家中島敦がそれをもとに『山月記』を書いたのは明らかであるのだが、その詩と作中の李徴の作った詩とが切り離されて論じられているのは、どうしてなのだろうか。『山月記』という作品として考えるなら、同一人物つまり李徴の作として考えてみる必要があると思う。」

http://www7a.biglobe.ne.jp/wakabayamamura//bungaku/sangetsuki/sangetsu1.html

※若林の論文の冒頭にあるこの記述には、稿者も同感である。テクスト論として論じられるときは、作品中の「語り手」が中島敦ではないこともさることながら、漢詩も「人虎伝」のものではない。テクストの中の閉じられたものとして論ずる必要があるからである。

8

テクストの中で、李徴の最初の語り「自分は今や異類の身となっている。」に続く長い語りの前半部、「ほかでもない。…」のくだり、末尾の「そうして付け加えて言うことに、…」のくだり、これらの部分にある「自分」には、李徴の自らの振返りの中で「自嘲癖」の含意はない。以上の部分を除き、他に自称語として「自分」が使用されている例を見ておく。

a「そうすれば、しまいにおれは自分の過去を忘れ果て…」

b「もちろんかつての郷党の鬼才と言われた自分に、…」
c「今後とも道途に飢凍することのないように計らっていただけるならば、自分にとって恩倖、これに過ぎたるはない。」

aは、直前に「おれは」があり、「自身の」という意味の反照代名詞。bでは、詩業に執着している李徴であり、「ほかでもない。…」のくだりと同じで、「自嘲癖」は見当たらない。cも、妻子のことを依頼するばかりで、自嘲の含意はない。
※「彼は部下に命じて行列の進行をとどめ、自分は叢の旁らに立って」の「自分」は、語り手が袁惨を指した反照代名詞（＝反射指示代名詞）である。

9　若林　同前論文より
「バランス感覚、言わば、自己完結、が李徴の作品と考えたらどうだろうか。自嘲癖が、自分の心のバランスを保つためにあるとすれば、また尊大な態度が、羞恥心を隠すためだとすれば、そのバランス感覚が詩作に反映しないはずはない。実はここに、微妙な欠点があるのではないか。
　芸術作品というものは、作品（表現されたもの）と作者の心とで、バランスを取るものではないか。つまり、満たされない作者の心情と表現されたものでバランスがとれるものである。作品も、作者も片方だけ取り上げれば、不安定な存在、でなければならない。李徴は、知らず知らずのうちに内心のバランスをとるうちに、作品の中でもバランスを取ってしまったのである。つまり、自己完結をしてしまった。これが、最大の欠点ではないか。思えば、家族のことを考えない芸術家、他人の批評など聞かない芸術家など過去にも現在にもいるではないか。そういうことを考えると、もっと根本的な根源的な、作品の中での自己完結が李徴の詩の欠点と考えられるのである。」

※視点は違うが、「どこか（非常に微妙な点において）欠けるところ」が「自嘲癖」に起因するとの指摘は稿者と同じである。

10 アンナ・フロイト『自我と防衛』（外林大作訳、誠心書房、1958年刊）より（傍線は、稿者）

・「少女の自我は、第二の防衛機構にたよることになった。いままではもっぱら他人にふりむけていた憎しみを内に向けるようになった。（中略）そして、彼女は憎しみを内に向ける防衛法を使うようになってから、自虐傾向が強くなった。」（p58）

・「真の自虐的傾向はリビドーを自分自身に向けかえるためにおきるもの」（P66）

・「彼には自分を恐ろしがらせるものをすべて弱小化しようとする傾向が生じた。不安をおこすものはすべて嘲笑すべきものになった。たえずおそってくる去勢の不安をいつも茶化してごまかした。このごまかしは、最初には、遊びごとのようであったが、次第に強迫的性格をはっきりと示すようになった。冗談をいっていなければ不安から逃れられなくなり、…」（p109）

四　小説『こゝろ』の分析　――その構造から――

（先生の贖罪、そして「私」の贖罪）

（0　はじめに）

小説『こゝろ』は、第二次世界大戦前から旧制中学の生徒にはよく読まれ、戦後は長きに渡って高等学校の教科書に載り続け、そのほとんどが、下（先生と遺書）の一部に集中されてきた。そのテーマは「エゴイズム」「近代的自我への目覚め」と、著者である夏目漱石の思想や時代背景を基に語られることが基本であった。

小森陽一（注①）・石原千秋（注②）両氏の先鋭的なる論文の出来により、いわゆるテクスト論による読解が始まった。様々な読みがあっていいし、今後は新しい読みがあってしかるべき、と小森も予言した通り、その後、雨後の竹の子のごとく、様々なアプローチがなされた。代表的なものをあげると、田中実（注③）、柳澤浩哉（注④）、若松英輔（注⑤）水川隆夫（注⑥）らの論考である。中でも、稿者は田中実の論稿に学び、刺激されたことを断りつつ、再び小説『こゝろ』全体を眺めなおして、稿者が改めて筆を執ったのは、先学の論に違和感を覚えたからである。

小説『こゝろ』は、当初「心　先生の遺書」として大正三年（1914）の四月二十日から八月十一日まで朝日新聞に掲載された。同九月に、漱石自身の装丁で自費出版として、岩波書店より発刊された。その時は、漱石は本文を、「上　先生と私」「中　両親と私」「下　先生と遺書」（以下、それぞれを「上」「中」「下」とする）の三部立てとし、題名を『心《こゝろ》』とした（以下『こゝろ』とする）。稿者は、以下に、小説『こゝろ』の分析を始めるにおいて、次のことを確認しておきたい。

一つには、この遺書・手記の書かれた時代設定から、明治天皇崩御に続く乃木希典大将殉死という生々しい事件が、登場人物の言動と何らかの関わりを持ち、そして時間的関係を有している、ということである。つまりは、夏目漱石やその他、明治末年から大正初年に生きた人間と同時代の設定である、ということだ。登場人物のKや先生、静、奥さん、そして「私」が、明治末年という時代に生きていたことにおいて、例えば「読者論」という形での批評であっても、この時代設定は逃れることが出来ない。

もう一つには、この小説が額縁構造のような構造をなしていることである。『こゝろ』は、「下」に相当する先生の「遺書」（下）が大正元年（1912）九月下旬に書かれ、先生の死後、大正三年（1914）四月以降に先生の遺書を受け取った青年（以下、「私」とする）が後年書いた手記（上・中）を添えて公開されたものである。

「私」の手記は、先生の遺書を読んだ「私」が、先生との出会いから、先生や静とのやりとりを振り返り、最後に先生の手紙（遺書）を読む場面（「中」）から、先生の遺書（「下」）へと引き継がれていく。先生の遺書には、その書き手である先生が自身を「私」と表現し、「上・中」の「私」は「あなた」として書かれている。そして、そのまま、青年「私」が登場しないままで終わってしまう。「以後、私は読者の前に姿を見せない。小説として、あまりにも不自然な収束である。」と、三好行雄は評した（注⑦）。稿者はむしろ、そこにこそ、この小説の最大の妙味があると考える。先に「額縁小説のような」と言ったのは、そのことである。最後に再び「私」が登場すれば、額縁としての体をなす。しかし、この小説が、時系列からすると、まず「下　先生と遺書」があり、その先生の遺書を読んだ青年「私」が、筆を執って書いたのが、「上」「中」である。しかも、「中」の最後には、もうすでに「先生の遺書」の最後の一部と冒頭が記されている。この「循環性」は、たったの一回切りの読みではなく、「私」や読者によって、永遠に読み流されていく循環となっている。であるから、『こゝろ』の読解においては、「私」が先生の遺書をどう読んだか、どう読み返したか、そして、先生の遺書を読んだ「私」自身が、先生との出会いから振り返って書き連ねた手記の中で書いていることを、二度目三度目と読み返した時に、どう「私」自身の中で変化するか、その広がりをそのまま見せてくれるのが、この小説の構造なのである。稿者はこれを「循環性額縁構造」（注⑧）と呼んでおく。遺書の中には先生の過去の時間と、遺書執筆中の時間が流れており、また手記には、存命中の先生と交流する「私」の時間と、手記執筆中での「私」の時間の二つの時間が流れている。読者には、『こゝろ』に書かれてある言葉の裏側を読み込むことで、一見矛盾した内容であっても、深い真相が見えてくるのではないだろうか。

なお、本文引用は「青空文庫」を使用し、振り仮名は必要に応じて（　）内に残して他は削除した。


（注①）小森陽一「『こころ』を生成する「心臓」」『成城国文学』第一号（1985.3）

（注②）石原千秋「『こゝろ』のオディプス―反転する語り―」（同前）

（注③）田中実『『こゝろ』の掛け橋／〈読み〉の革命―新しい作品論のために―』『第三項理論が拓く文学研究／文学教育』明治図書（2018）所収
（注④）柳澤浩哉『『こころ』の真相』新典社（2013）

（注⑤）若松英輔『『こころ』異聞』岩波書店（2019）

（注⑥）水川隆夫『漱石「こゝろ」の謎』彩流社（1989）『夏目漱石「こゝろ」を読みなおす』平凡社新書（2005）

（注⑦）三好行雄「明治の精神―『こゝろ』小論」『鴎外と漱石　明治のエートス』力富書房（1983）所収
（注⑧）田中実は、「循環の入れ子の構造」といった。小森陽一は、「多層的円環的」といった。命名は同じことを意味する。

（1　手記は「私」の先生批判だったか）

稿者は、静存命中に「私」が静の危機を感じ、先生の遺書の一部を改変しつつ、出来るだけそのままに、自分の手記を添えて公開したと考える。そして

『こゝろ』全体を考えた時、最初に稿者が言った違和感というのは、冒頭にある表現の解釈にある。

私はその人を常に先生と呼んでいた。だからここでもただ先生と書くだけで本名は打ち明けない。これは世間を憚かる遠慮というよりも、その方が私にとって自然だからである。私はその人の記憶を呼び起すごとに、すぐ「先生」といいたくなる。筆を執っても心持は同じ事である。よそよそしい頭文字などはとても使う気にならない。（上一）（傍線は、稿者、以下同じ）

稿者の違和感は、「よそよそしい」を「私」からの先生批判ととる説にある。ここの「頭文字」とは、先生の友人の名前を指す頭文字「K」を暗示する。先生はKをこう紹介している。

私はその友達の名をここにKと呼んでおきます。私はこのKと小供の時からの仲好でした。小供の時からといえば断らないでも解っているでしょう、二人には同郷の縁故があったのです。（中略）Kは医者の家へ養子に行ったのです。それは私たちがまだ中学にいる時の事でした。私は教場で先生が名簿を呼ぶ時に、Kの姓が急に変っていたので驚いたのを今でも記憶しています。（下十九）

ここから、Kとは姓ではなく、名前であると考えられる。そして、稿者は、先生がこの友人を親しく呼ぶのに、その名前を渾名で呼んでいた、と考える。その渾名は、名前をもじったものであった。その頭文字がカ行であった、と稿者は考えるのである。

田中実は「K」「静」も「私」の改変とする。そして「乃木と「先生」の両者を鮮やかに対比・対照させるトリックを施し、互いを逆照射させます。一方は妻の人格を無視し、他方は妻を独立した人格として尊重し、ロマンティックラブの信仰の対象とし、妻に生じた罪は自らが一人引き受けて密かに死ぬ、両者の妻に対する夫の対応の違いがより鮮やかに際立」たせているとし、それが冒頭の「よそよそしい」に繋がるものであるとする。田中は「肝心要のところで踏み込めない距離、（中略）それが「先生」に自決を選ばせた落とし穴、陥穽だったのです。そのために、〈私〉はこれこそ憎むべき、克服すべき対象として虚構化して発表、奥さんの目に触れさせ、「先生」を批判して見せたのです。」とする（田中実前掲論文参照）。

まず「私」の先生評がどうであったのか、見てみよう。

人間を愛し得る人、愛せずにはいられない人、それでいて自分の懐に入ろうとするものを、手をひろげて抱き締める事のできない人、―これが先生であった。（上六）

私は不思議に思った。しかし私は先生を研究する気でその宅へ出入りをするのではなかった。（中略）今考えるとその時の私の態度は、私の生活のうちでむしろ尊むべきものの一つであった。私は全くそのために先生と人間らしい温かい交際（つきあい）ができたのだと思う。（上七）

（上七）のように、先生を研究するのではなく接することが、先生と「人間らしい温かい交際」を可能にし、それが「今思うと」なのであるから、「人間を愛し得る人、愛せずにはいられない人」という先生評は、「私」が手記執筆の今も継続している先生評であると考えられる。

遺書中の友人がカ行で始まる渾名で記してあったのを、公開するにあたって「私」が「K」と改めた。敬愛する先生の友人でもあったから実名を表すのに憚られた。しかし、その先生に対して同じように頭文字で表すなど、とても「よそよそしい」がために生前から呼んでいたように「先生」と呼ぶことにした（注⑨）、と稿者は解釈する。そこには「私」の精一杯の「先生擁護」（注⑩）が感じられる。遺書読後の「私」には、先生の「卑怯」さや「利己心」は理解できた。それでも敬愛の念は薄れなかった。先生に対して切ない程の敬愛を伴って公開されなければ、「私」の思いは誰にも届けられないと考えるからである。

先生はそれでなくても、冷たい眼で研究されるのを絶えず恐れていたのである。（上七）

先生存命当時、「私」には自覚はなかったが、先生を「研究」するつもりなど無かったから、「人間らしい温かい交際ができたのだ」った。

こうみてくると、先生亡き今、手記執筆中の「私」にも、先生を研究するのではなく、ひたすら敬愛する姿勢があることが理解できるだろう。いや先生存命中よりも一層敬愛の情を切ないほどに強くしたに相違ない。でなければ、静への開示などあり得ないと考える。

（注⑨）藤井淑禎は「あくまでも二人称的呼びかけ語である『先生』の信愛度と比べれば他人行儀的、との意味で冠したに過ぎない」とする。『漱石文学全注釈12. 心』若草書房（2000）。稿者は、作品全体のメッセージから、「先生擁護」とする。

（注⑩）小森陽一は、友人の名をKとしたのは先生であり、「余所余所しい」は、「『先生』という存在への、全面的な共感を印象付ける働きをしている」とする（前掲論文）。石原千秋（『漱石と三人の読者』講談社現代新書（2004）は「先生の多くはまだ私に解っていなかった」（上八）「其時の私には奥さんをそれ程批評的に見る気にはならなかった」（上二十）から、今は先生のことがよく解り、静のことも批評的にみている、として、「よそよそしい」を、「尊敬に見せかけた批判」とする。そう解するなら、作品全体として遺書・手記の公開は、まったく違った様相を呈する。稿者はそう解しない。

（2　遺書の公開と静への開示）

そもそも、先生は、遺書の公開されることを望んでいた。

私は書きたいのです。義務は別として私の過去を書きたいのです。（下二）私を生んだ私の過去は、（中略）人間を知る上において、あなたにとっても、外の人にとっても、徒労ではなかろう（中略）。私は私の過去を善悪ともに他の参考に供するつもりです。（下五十六）

しかし、存命中の静には遺書は「私」だけの秘密という禁忌があった。

私は妻には何にも知らせたくないのです。妻が己れの過去に対してもつ記憶を、なるべく純白に保存しておいてやりたいのが私の唯一の希望なのですから、私が死んだ後でも、妻が生きている以上は、あなた限りに打ち明けられた私の秘密として、すべてを腹の中にしまっておいて下さい。（下五十六）

ところが遺書から、「私」は静の危機を感じたであろう。

夏の暑い盛りに明治天皇が崩御になりました。（中略）最も強く明治の影響を受けた私どもが、その後に生き残っているのは必竟時勢遅れだ。（中略）私は明白（あから）さまに妻にそういいました。妻は笑って取り合いませんでしたが、（中略）突然私に、では殉死でもしたらよかろうと調戯（からか）いました。（下五十五）

静にとって、夫の突然の死と、自分の「調戯」が結びついただろう。「調戯」の事実を「私」は上京中で読んだ遺書で知ることになる。ただ、「私」は「先生の安否だけ」（中十八）を心配し、急遽列車に飛び乗ったのだから、静の危機に考えが及ぶには時間を要しただろう。

上京してみて、ことによると、静の帰宅よりも「私」が先生宅に到着する方が早いかもしれない。遺書執筆の間、先生は静に、病気の叔母のいる市ヶ谷へ行くよう勧めた（下五十六）からだ。

そして、先生の遺体にはすぐ会えないかもしれない。

妻の知らない間に、こっそりこの世からいなくなるようにします。（下五十六）

「私」と会った静はどう思うだろうか。なぜ、宅に来ているのか、なぜ先生の死を知っているのか。先生の遺書の存在を言えない「私」はどうするのか。「私」が先生の死について何らかの情報を知っている、という疑念が生じ、静から真相を迫られることになるだろう。

遺書には、先生の「卑怯」（下二十九・四十六）さも「利己心」（下四十一）も「偽りなく」（下五十六）綴られていた。それを知る「私」が、静の危機を留めるには、肉声としての遺書をできるだけそのままに、開示に際しては名前の改編を最小にして、精一杯の「先生擁護」を持ってしないと、静には伝わらない、と判断しただろう。だから「よそよそしい」は「先生批判」ではなく「先生擁護」なのである。

私は若かった。（上四）子供を持った事のないその時の私は、子供をただ蒼蠅（うるさ）いもののように考えていた。（上八）

手記執筆の今の「私」に子供がいる。公開までには十年程度（注⑪）は要していると思われる。その時間は、静の危機に気付き理解し、どう伝えたら静が納得できるか、また、遺書の公開と静への開示は両立し得るのか、という煩悶した時間でもあった。

（注⑪）蓮見重彦は「二十代の後半」としている。
「鼎談『こゝろ』のかたち」『漱石研究第6号』翰林書房（1996）

（3　先生の思想実践）

先生が、過去を広く公開しようとしたのには、先生の思想実践がある。先生の思想とは「自由と独立と己れとに充ちた現代」（上十四）をどう生きるか、ということであったと思われる。そして先生は「その犠牲としてみんなはこの淋しみを味わわなくてはならない」と言った。「私」の「選択した問題は先生の専門と縁故の近いものであった」（上二十五）ため、先生にこの「現代の思想問題について、よく（中略）議論を向けた」（下二）。しかし「私」が卒業論文作成のために、教えを請うても、先生は深くは関わろうとしなかった（上二十五）。それは、先生の中で「思想」が定まっていなかったからでもある。

事件なり思想なりが運ばないのが重い苦痛でした。（下二）

「現代の思想」である「現代」とは、「自由と独立と己れとに充ちた現代」であるが、それはどんなものか、『こゝろ』の中で、一つ一つの言葉から見ておこう。

先に「独立」について見ると、「私」の父親や兄と先生やKとでは、やや意味合いを異にする。父親や兄の独立は次のようである。

「そりゃ僕の間の事だろうから、どうにか都合してやろう。その代り永くはいけないよ。相当の地位を得次第独立しなくっちゃ。元来学校を

出た以上、出たあくる日から他の世話になんぞなるものじゃないんだから。」（中八）

「私」の父親のこれらの発言には、明治時代の「立身出世」の発想がある。「私」の家族である兄も同様である。

兄は何かやれる能力があるのに、ぶらぶらしているのは詰らん人間に限るといった風の口吻を洩らした。（中十五）

兄や父親の考え方にある「独立」とは、「経済的独立」ということであることが分かる。

一方、先生もKに対して「独立」という言葉を使っている。

彼はそれほど独立心の強い男でした。だから私は彼を私の宅へ置いて、二人前の食料を彼の知らない間にそっと奥さんの手に渡そうとしたのです。しかし私はKの経済問題について、一言も奥さんに打ち明ける気はありませんでした。（下二十三）

この「独立」には、金はなくても人には頼らない、という含意がある。先生のいう「独立」は金銭の有無ではなく、「精神的独立」といえよう。当然Kもしかりである。しかし、先生と「私」との間には、財産環境に関して隔たりがあった。

要するに先生の暮しは贅沢といえないまでも、あたじけなく切り詰めた無弾力性のものではなかった。（上二十七）

私はそれから出る利子の半分も使えませんでした。この余裕ある私の学生生活が私を思いも寄らない境遇に陥し入れたのです。（下九）

先生は、所謂高等遊民である。仕事をしないでも暮らせる金があった。だから、「私」が両親に迫られて依頼した就職斡旋の手紙に対して、

宅に相応の財産があるものが、何を苦しんで、（中略）地位地位といって藻掻き廻るのか。私はむしろ苦々しい気分で、遠くにいるあなたにこんな一瞥を与えただけでした。（下一）

という態度をとっていた（注⑫）。

一方の「私」は、家があるくらいで、財産となるものがそれほどない。ここが、根本的に先生と「私」との違いであった。この違いがあることで、「私」は

兄から次のような指摘を受ける。

「イゴイストはいけないね。何もしないで生きていようというのは横着な了見だからね。人は自分のもっている才能をできるだけ働かせなくっちゃ嘘だ」（中略）働かなければ人間でないようにいう兄（中十五）

兄には「能力がある人間は仕事をすべきだ」という発想がある。しかし、何もしないで生きている先生のことを「イゴイスト」というには当たらない。この「イゴイスト」発言に「私」はこう思った。

私は兄に向かって、自分の使っているイゴイストという言葉の意味がよく解るかと聞き返してやりたかった。（中十五）

ところが、先生は遺書の中で、Kに対する自身の行動を「利己心の発現」（下四十一）と書いた。兄との会話は先生の遺書を読む前ではあるが、先生亡き後、「私」が手記を認めている時、兄の「イゴイスト発言」に思いを重ねると、先生は他の面では、兄の言は当たっていたのである。それでも「私」にとっては、「先生」と呼ぶに値するからこそ、「先生」と呼んで手記を書き連ねているのである。精神的独立に惹かれる「私」に対して、親族の理解は難しい。

次に「己れ」について考える。

叔父に裏切られた先生が「世間はどうあろうともこの己は立派な人間だという信念がどこかにあった」（下五十二）という。叔父による裏切りということがあったが為に、この考えは、先生の中でより強固なものにならざるを得なかっただろう。

箇人のもって生れた性格の相違といった方が確かかも知れません。私は（中略）この不可思議な私というものを、あなたに解らせるように、今までの叙述で己れを尽したつもりです。（下五十六）

これは、先生の遺書の末尾で先生が「自殺する決意をした」ことを説明しようとした部分である。「箇人」がそれぞれ異なることを言っており、先生の自殺理由が解らない「私」に対して伝えることの自身のできる精一杯を尽くした、といっている。

私はだまって父の為すがままに任せておいた。（中略）鳥の子紙の証書は、なかなか父の自由

にならなかった。適当な位置に置かれるや否や、すぐ己れに自然な勢いを得て倒れようとした。（中一）

これは、「私」の卒業証書を父が立てかけようとしたが、まるで紙に自由意志がある(己れに自然な勢い)かのように、父の「自由」に逆らって倒れることを言っている。擬人法であるが、「己れ」には、他の自由にはならない意志がある」ということである。こういう「己れ」が自由意志の赴くままで活動すれば、どうなるか。

Ｋの復籍したのは一年生の時でした。それから（中略）約一年半の間、彼は独力で己れを支えていったのです。（下二十二）

ここには、他の誰にも頼らないＫの精神的独立にも通じる自己がある。このようなＫの「己れ」が場合によっては、自己をも破壊する。

偉大でした。自分で自分を破壊しつつ進みます。結果から見れば、彼はただ自己の成功を打ち砕く（下二十四）

先生の場合は「己れ」が暴走するや、「利己心」となって人を欺いた。

私はこの一言で、彼が折角積み上げた過去を（中略）今まで通り積み重ねて行かせようとしたのです。（中略）私はただＫが急に生活の方向を転換して、私の利害と衝突するのを恐れたのです。要するに私の言葉は単なる利己心の発現でした。「精神的に向上心のないものは、馬鹿だ」（下四十一）

そして先生は、「酒に魂を浸して、己れを忘れようと試み」、「己れを偽っている愚物だという事に気が付く」（下五十三）のだった。

最後に「自由」について。

「かつてはその人の膝の前に跪いたという記憶が、今度はその人の頭の上に足を載せさせようとするのです」（上十四）

こういう先生の言葉に対して、「私」は次のように思うようになった。

雑司ヶ谷にある誰だか分らない人の墓、（中略）私に取ってその墓は（中略）人の間にある生命の扉を開ける鍵にはならなかった。むしろ自由の往来を妨げる魔物のようであった(上十五)。「私」がKを「自由の往来を妨げる魔物」と言っている。先回りして言うと、先生が「私」に自身の過去を伝える「適当の時機」(上三十一)はまさに最後の「自由」にあった。

「あなたから過去を問いただされた時、答える事のできなかった勇気のない私は、今(中略)それを明白に物語る自由を得たと信じます。しかしその自由はあなたの上京を待っているうちにはまた失われてしまう世間的の自由に過ぎない」(中十七)

先生の最後の「自由」は、「死」と引き替えの「自由」であった。先生はまた「不可思議な恐ろしい力は、私の活動をあらゆる方面で食い留めながら、死の道だけを自由に私のために開けておくのです。」(下五十五)という。「自由と独立と己れとに充ちた現代」において、先生の最後に残された自由は自死でしかなかった。

「私」には先生の「思想」がどのように見えていただろうか。

先生はまるで世間に名前を知られていない人であった。だから先生の学問や思想については、先生と密接の関係をもっている私より外に敬意を払うもののあるべきはずがなかった。それを私は常に惜しい事だといった(上十一)。

私は(中略)先生の思想や情操に触れてみた(下十二)

私には学校の講義よりも先生の談話の方が有益なのであった。教授の意見よりも先生の思想の方が有難いのであった(下十四)。

ここから「思想」とは、学問や情操とは等しくない、と分かる。

私からああなったのか、それともあなたのいう人生観とか何とかいうものから、ああなったのか(上十五)

私は先生のこの人生観の基点に、或る強烈な恋愛事件を仮定してみた。(無論先生と奥さんとの間に起った)(上十五)。

前者は、静が「私」に先生の陰の真相を聞き出す場面。後者は、「恋愛事件」についての「私」の想定である。これらから判断できるのは、先生の「思想」が「学問」そのものでもなく「情操」でもないが、学問上にも生活上にも関わってくる「人生観」といったようなものだったろう。その「思想」は、「私」によれば、事実や経験に裏打ちされるもののようだ（上十五）。

先生の思想とは、先の「自由と独立と己れに充ちた現代」をいかに生きるか、その実践をいうものであっただろう。机上の学問にとどまらず、その思想をどう実践するかにこそその意味のあるものであろう。だから静が「人生観」という言葉を使ったのだ。

先生の思想実践を具体的に言うと、「優しく」「人間らしく」ということであったろう。養家の希望を顧みず哲学に打ち込もうとして、経済的に困窮したKに手をさしのべ、下宿代も払ってやった。そして、Kを「人間らしくするのが専一だと考え」「第一の手段として、まず異性の傍に彼を坐らせる方法を講じた」（下二十五）。その異性が静だった。そして「あたたかい面倒を見てやってくれ」（下二十三）とまで奥さんや静に頼んだ。それなのに、静を取られまいという恋心が先行して、Kを裏切り先に静との結婚を奥さんに申し出る。また、Kの自死、奥さんの亡き後は、「亡友に対すると同じような善良な心」で（下五十二）「人間の罪」（下五十四）を感じたのであった。つまり先生は、思想を実践しようとして、一方で、叔父に裏切られた経験がありながらも友人を裏切ってしまうという矛盾を演じてしまったのである。

Kに対して「一体君は君の平生の主張をどうするつもりなのか」（下四十二）と言ったことを遺書に書く中で振り返ると、叔父に裏切られ人間信頼を喪失した自分が、恋の道の上とは言え、友人Kを出し抜いた自身の行為の中に自己矛盾（注⑬）があることを感じずにはおられまい。そこに待っていたのは「淋しみ」であった。

> 要するに私は正直な路を歩くつもりで、つい足を滑らした馬鹿ものでした。もしくは狡猾な男でした。（下四十七）

先生が「多くの善人がいざという場合に突然悪人になるのだから油断してはいけない」（下八）と言った

が、それは先生自身でもあった。

（注⑫）「私の手紙を読まない前に、先生がこの電報を打ったという事が、先生を解釈する上において、何の役にも立たないのは知れているのに」（中十三）という記述と呼応する。卒業して帰郷した「私」は父母の手前仕事の周旋を依頼する手紙を先生に書いた（中七）。それをも先生は読んでいない、ということを意味する。しかし、先生はそれをしっかりと読んでいたのだ。先生が「私」の就職周旋に不満を懐いていた、ということを、「私」は遺書で知ることになる。ここに、「精神的独立」を旨とする先生とそれを許さない「私」の経済環境との誤差が浮かびあがってくる。その意味で、逆に「先生を解釈する上において」役に立ったのである。

「精神的独立」と「経済的独立」との狭間におかれた「私」自身を顧みることになるのだった。

（注⑬）『こゝろ』の登場人物には、多くの矛盾を抱えている。

自身の過去を「私」限りの「秘密」に、と言いながら、静にありのままを告げ、懺悔したら、「妻は嬉し涙をこぼしても私の罪を許してくれたに違いない」（下五十二）という先生。「奥さんができるだけお嬢さんを私に接近させようとしていながら、同時に私に警戒を加えているのは矛盾」（下十四）。先生は、頗る強情なKに「一方ではまた人一倍の正直者でしたから、自分の矛盾などをひどく非難される場合には、決して平気でいられない質だった」（下四十二）と矛盾を見ている。「昔の同級生で今著名になっている誰彼を捉えて、ひどく無遠慮な批評を加える」先生に「私」は「露骨にその矛盾を挙げ」（上十一）た。先生も、「私」の父親の難症を注意しながらも「会いたい」との電報を打ってしまう（下一・十二）「私の過去が私を圧迫する結果こんな矛盾な人間に私を変化させるのかも知れません（下一）

と自身の矛盾を認る。

（4　先生への近づきと、そして思想と過去）

先生が遺書を書くまでに至った経緯をたどってみよう。

私は最初から先生には近づきがたい不思議があるように思っていた。それでいて、どうしても近づかなければいられないという感じが、どこかに強く働いた（上六）

先生が月に一度は通う墓参りで、その故人（K）のことについて知られたくないそぶりを見せた。

「私はあなたに話す事のできないある理由があって、他といっしょにあすこへ墓参りには行きたくないのです。自分の妻さえまだ伴れて行った事がないのです」（上六）

しかし、ここの墓参りの記述については、先生の遺書では違っている。

妻が、何を思い出したのか、二人でKの墓参りをしようといい出した。（中略）私は妻の望み通り二人連れ立って雑司ヶ谷へ行きました。（中略）私はそれ以後決して妻といっしょにKの墓参りをしない事にしました。（下五十一）

「私」が不思議に思ったのは、先生の話を直接聞いた当時の「私」の印象であるだろう。しかし、少なくとも、先生は、静を墓参りに連れて行った事実を曲げてまで、「自分の妻さえまだ伴れて行った事がない」と言うほどに、「私」には触れられたくない過去があった、というメッセージとなって、後に改めて遺書を読んだ「私」に認識される。

先生と出会った当初の「私」をだんだんと受け入れてくれる先生が、この墓の主の一点だけは強行に拒み続ける、そこには何があるのだろう、と「私」は感じ始める。そうかと思うと、

「君は私がなぜ毎月雑司ヶ谷の墓地に埋っている友人の墓へ参るのか知っていますか」（上十三）

先生の方から、墓の主について、誘い水をかける。知られたくないのに、こういうことを言う先生に「私」はさらに不思議を感じる。また先生は、「私」に次のようにも言う。

私は未来の侮辱を受けないために、今の尊敬を斥けたいと思うのです。私は今より一層淋しい未来の私を我慢する代りに、淋しい今の私を我慢したいのです（上十四）

遺書を読んだ「私」は、「未来の侮辱」の意味が、先生自身が「利己心」（下四十一）の発現者であり「卑怯」（下二十九・四十六）者を指すものであったことを知っている。であるからこそ、「今の尊敬を斥けたい」というのが、「今（その当時）」の私を拒否する意味であることも知っている。誘い水をかけるかと思えば、「私」を拒む。その「私」は、墓の主について、静と先生との恋愛が絡んでいそうなことを感じ始める。

先生がかつて恋は罪悪だといった事から照らし合せて見ると、多少それが手掛りにもなった。しかし先生は現に奥さんを愛していると私に告げた。すると二人の恋からこんな厭世に近い覚悟が出ようはずがなかった。（上十五）

しかし、これは、先生との出会いの時の話であって、手記の「私」は既にその全貌を知っている。

「私」は、先生の思想に絡む「事実」「過去」に迫りたいと思うようになる。先生は最初には拒んだが、その内、「私」の要求に応えるようになってゆく。

「私は思想上の問題について、大いなる利益を先生から受けた」「しかし同じ問題について、利益を受けようとしても、受けられない事が間々あった」「ある時ついにそれを先生の前に打ち明けた」。先生は、「私」が「思想と過去をごちゃごちゃに考えているんじゃ」ないかという。そこで、「私」は「先生の過去が生み出した思想だから、私は重きを置くのです。二つのものを切り離したら、私にはほとんど価値のないものになります。」（中三十一）と食い下がる。この時の「私」の発言は、ほとんど先生の過去を知りたい、という思いにつられたものであった。先生の過去が「卑怯」と「利己心」に汚されていたと知っていたら、この「私」の無謀な発言はなかったろう。

先生は「私」とよく議論した「現代思想問題」について、「私」に語るには、「私」に「自分の過去」が足りない（下二）とも言った。

先生の「思想」の裏には、叔父の財産誤魔化しの事件やKの自死事件が絡んでいた。「私」にはそんな経験が少ないとして、先生は開示を控えていた。謎を明かしたい「私」に、先生は先ず「信用」を問うた。その先生は、「自分さえ信じないの」だから「人も信用できない」（上十四）、果ては、静さえ信用できない、という。そのくせ先生は、静の家族に信用されないことには敏感でもある。

結婚する前から恋人の信用を失うのは、たとい一分一厘でも、私には堪え切れない不幸のように見えました。（下四十七）

先生は、次に「私」が「真面目」であることを確認（上三十一）しようとした。「私」の「真面目」を確認すると、

私は何千万といる日本人のうちで、ただあなただけに、私の過去を物語りたいのです。あなたは真面目だから。あなたは真面目に人生そのものから生きた教訓を得たいといったから。（下二）

実は、先生も自身を真面目だと自認（下十九・四十七）していた。その真面目な先生は、叔父から裏切りを受け、人間不信に陥っていた。だから信用の保証として、「真面目」であることを確認したかった。

その後先生が友人Kを裏切り、Kが自殺した後、奥さんや静にはその経緯を知らせずにいる。そこには静を純白（下五十六）のままでいさせたい、という欲求もあったからという。

考えてみれば、勝手な話である。自身の汚れた闇を知らせたくない、ということにもなる。それでいて、自身の過去を曝け出す相手に「信用」「真面目」を確認することを憚らない。先生にはこの自身の矛盾に気がつかないのだろうか。「信用」も「真面目」も先生が過去を語る保証にならないはずだった。

先生が過去を「私」に開示しようとした理由。その一つは、先述のように先生には自身の過去を語ろうという欲求があった（下五十六）。人に伝えたい。あるいは伝えないでは済まされない。そうでなければ、「恋は罪悪ですよ。」（上十二）「君は私がなぜ毎月雑司ヶ谷の墓地に埋っている友人の墓へ参るのか知っていますか」（上十三）などといきなりは言うまい。誰かに打ち明けたいという欲求はもともとあっ

た（2章参照）。先生は、告白の相手に「私」を選びつつあったのだ。

先生が「私」に開示を決めたもう一つの理由。それは「私」が、血の通った迫り方をしたことにある。

私の心臓を立ち割って、温かく流れる血潮を啜ろうとしたからです。その時私はまだ生きていた。死ぬのが厭であった。それで他日を約して、あなたの要求を斥けてしまった。私は今自分で自分の心臓を破って、その血をあなたの顔に浴びせかけようとしているのです。私の鼓動が停った時、あなたの胸に新しい命が宿る事ができるなら満足です。（下二）

「私」も、先生との間に血の通いのあることを実感していた。

すべての人間に対して、若い血がこう素直に働こうとは思わなかった。私はなぜ先生に対してだけこんな心持が起るのか解らなかった。それが先生の亡くなった今日になって、始めて解って来た。（上四）

私は東京の事を考えた。そうして漲る心臓の血潮の奥に、活動活動と打ちつづける鼓動を聞いた。（中略）肉のなかに先生の力が喰い込んでいるといっても、血のなかに先生の命が流れているといっても、その時の私には少しも誇張でないように思われた。（上二十三）

後者は、まだ先生が存命中、「私」が田舎に帰っていた時のことである。このように、先生と「私」には、血の通うような直覚があった。であるから、先生は、「私」に自分の過去の開示を約束したのである。逆に、先生とは血が通い合わない人物もいた。

彼の心臓の周囲は黒い漆で重（あつ）く塗り固められたのも同然でした。私の注ぎ懸けようとする血潮は、一滴もその心臓の中へは入らないで、悉く弾き返されてしまうのです。（下二十九）

先生にとっても、また「私」にとっても、Kは「魔物」と感じ取られたのは、このためであった。

先生は、自分が語りたいと思っていた「過去」を、とうとう血の通い合う「私」に語る承諾をした。

「話しましょう。私の過去を残らず、あなたに話して上げましょう。その代り……。いやそれは構わない。（中略）それから、――今は話せないんだから、そのつもりでいて下さい。適当の時機が来なくっちゃ話さないんだから」（上三十一）

ここの「……」は、先生自身の「死」を意味した。つまり、過去の開示は先生自身の死の覚悟を意味し、「適当の時機」（上三十一）というのは、いよいよ死ぬと決めたときの事であった。その「適当の時機」が来るまで、先生は「人間の中に取り残されたミイラのように存在して行こう」（下一）「死んだつもりで生きて行こうと決心」（下五十五）していたのであった。Kの死後、先生の生きた期間は、抑圧された日々であったのだ。

遺書開示の理由のさらにもう一つ。先生自身がKの自死に纏わって経験した「自己矛盾」と「思想実践の破綻」が、「私」の言う、「思想と過去は一つのもの」であるという理解については、先生は、「私」と出会った当初は理解されていなかった（「私の思想とか意見とかいうものと、私の過去とを、ごちゃごちゃに」（上三十一））。その整理には、時間がかかり、「事件なり思想なりが運ばな」（下五十二）かった。遺書を書く中で、先生はようやく、「私」が「先生の過去が生み出した思想だから」（上三十一）というとおりに、まさに先生の中において、「過去」と「思想」が一体のものであったということが理解できたのだ。一方の「私」も当初先生の「過去」を知りたいがために迫ったが、図らずも、先生は、遺書を書く中でそれに気づいたのであった。

先生と出会った頃

「近頃はあんまり書物を読まない」（中略）先生は一時非常の読書家であったが、その後どういう訳か、前ほどこの方面に興味が働かなくなったようだと、かつて奥さんから聞いた事がある（上二十五）

この、先生が読書しなくなった、という奥さん（静）の話は、先生の遺書に呼応している。

一年経ってもKを忘れる事のできなかった私の心は常に不安でした。私はこの不安を駆逐するために書物に溺れようと力めました。私は猛烈な勢をもって勉強し始めたのです。そうしてその結果を世の中に公にする日の来るのを待ちました。けれども無理に目的を拵えて、無理にその目的の達せられる日を待つのは嘘ですから不愉快です。私はどうしても書物のなかに心を埋めていられなくなりました。（下五十一）

手記執筆時の「私」は、先生と出会った頃と、先生亡き後の静の語りとを重ね合わせいていた。先生が読書しないようになったのは、あの墓の主と関係があったのだ。そして、先生はそのまとめた「結果を世の中に公にする日の来るのを待」っていたのだ。遺書の中にある先生の「思想」を世に出したかったのだ。しかし、「どうしても書物の中に心を埋めていられなくなった」のは、いまだ、思想と過去が一つになっていなかったからなのであった。このことを我々読者は記憶に留めておきたい。

（5　「私」にとっての静の危機と遺書の開示）

さて、先に見たように、静は、先生の亡き後、「調戯（からか）い」から発したものであるにせよ「殉死でもしたらよかろう」という言葉が、静自身の罪意識となって降りかかったろう。遺書を読んでその「調戯」の事実を知った「私」にとって、静が遺書を読むまでもなく「後追い自殺」をするのではないか、という懸念が増した。日増しにその懸念は増大していったろう。

私は（中略）残らず眼を通した。私の眼は長い間、軍服を着た乃木大将と、それから官女みたよう服装（なり）をしたその夫人の姿を忘れる事ができなかった。（中十二）

新聞記事の乃木大将の妻静子の殉死が「私」の頭から離れなかった。遺書を受け取った「私」には、静が先生の「後追い死」することを心配した。

（奥さんの名は静（しず）といった）。先生は「おい静」といつでも襖の方を振り向いた。（上九）

明治天皇崩御に伴って殉死した乃木希典大将の妻の名は「静子」。読者には、「静」は先生が命を絶つ名目にした「乃木大将の殉死」に繋がるはずだ。この衝撃が、「殉死でもしたらよかろう」と先生を「調戯」した静の心の中で、先生の自死と共鳴し合うとき、静はいかなる心持ちになるのであろうか。「あの時「殉死でもしたら…」」など言わなければよかった」と、自身の身の精神的危機感を感じたことだろう。

「私」にはそこが一番の気がかりであったろう。先生は静の存命を願っていた。「妻をいっしょに連れて行く勇気は無論ない」「自分の運命の犠牲として、妻の天寿を奪うなどという手荒な所作は、考えてさえ恐ろしかった」「妻には妻の廻り合せ」がある。「二人を一束にして火に燻（く）べるのは、無理という点から見ても、痛ましい極端」（下五十五）とある。静の「後追い死」を防ぐためには、先生の静への愛に満ちた遺書を見せなければ静には伝わらない。だから、静存命中には「私」だけの秘密に、という禁忌を破ってまでも、静に伝えないではおかなかった（注⑭）。それは、口頭では伝わらない。手記も含めて、遺書には先生の「肉声」があったから。

> 世の中で自分が最も信愛しているたった一人の人間すら、自分を理解していないのかと思うと、悲しかったのです。（下五十三）

この先生の訴えを、できることなら静に伝えたかったろう。

ところで、「静」という名は、手記の「上」にしか出てこない。遺書の中には見られない。そのことから田中実の言うように、「静」の命名は「私」の編集であると考えられる。先生に関わる一番の人であるから、実名を出すわけにはいかない。「調戯」による静の危機感を伝えるには、「静」という名は、当時の世相を生きる人にとって、伝わりやすかっただろう。また、「静」が「下」に出てこない、ということは、「私」による遺書の編集が「K」という頭文字だけに止めたものであって、極力、遺書の原型を残そうとした「私」の配慮が見られるのである。

（注⑭）石原千秋は、「奥さんは今でもそれを知らずにいる」（上十二）より、静存命を説く。稿者もその意見に従う。石原千秋『テクストはまちがわない―小説と読者』ちくま書房（2004）「静の死後の公開」とする説は、三好行雄「ワトソンは背信者か―「こころ」

細説」『文学』岩波書店（1988.8）

（6　「私」から観た静）

先の「血の通い」は、「私」にとって、静との間にもあった。

奥さんは私の頭脳に訴える代りに、私の心臓（ハート）を動かし始めた。（上十九）

先生が過去を語ろうとしたのは、「私」が先生の「心臓を立ち割って、温かく流れる血潮を啜ろうとしたから」（下二）であった。ならば、奥さん（静）からの血の通った迫り方をされた「私」には、その静に応ずることも用意されてもよい。また、先生の暗い陰について、静と「私」にはともに知りたい、という欲求があった。

私は私のつらまえた事実の許す限り、奥さんを慰めようとした。奥さんもまたできるだけ私によって慰められたそうに見えた。それで二人は同じ問題をいつまでも話し合った。けれども私はもともと事の大根を攫んでいなかった。（上二十）

お互いに先生の暗い陰への関心が一致していたのだ。であるから、静までもが夫を先生と呼ぶ場面（中十七）（注⑮）まであった。

静に対して先生の遺書を開示することは、不安ばかりではなく、ある程度の安心もあったと推察する。「私」の手記の中では、静は、自分に頭脳のあることをみとめさせ」て「一種の誇り見出す」ような「現代的」（上十六）な女性でもなく、かといって「旧式の日本の女性」（上十八）でもなく、「理解力」のある「美しい」（上四）女性である。しかし、「私」は「女」というよりも、「誠実なる先生の批評家および同情家」（上十八）、性別を超えた人間と映っていた。そうかと思うと、「本当いうと合の子なんですよ」（上十二）と関心を引くようなことも言う。この部分だけを切り取れば、先生の前でKと仲良く見せる静の横顔（下二十七・三十二）とダブって見える。

今までの奥さんの訴えは感傷（センチメント）を玩ぶためにとくに私を相手に拵えた、徒らな女性の遊戯と取れない事もなかった。（上二十）

「私」も似たような静の言動を観察している。先生が疑ったのもこのような静の言動（注⑯）に対してであっただろう。しかし、それも叔父から裏切られたことからくる「猜疑心」（下十五）によるものと、手記執筆の今の「私」には見えたのではないか。

「私」によると、基本的には、静は先生を愛しており、先生も静を愛している、という理想の夫婦として見えていた。

先生は現に奥さんを愛していると私に告げた。（上十五）

己惚になるようですが、私は今先生を人間としてできるだけ幸福にしているんだと信じていますわ。どんな人があっても私ほど先生を幸福にできるものはないとまで思い込んでいますわ（上十七）

先生と奥さんとは、仲の好い夫婦の一対であった（上九）

必竟この菓子を私にくれた二人の男女は、幸福な一対として世の中に存在しているのだと自覚しつつ味わった。（上二十）

しかし、静は先生の陰の原因を自分の欠点のせいだと疑った（上十八）。静に遺書の内容を伝えられれば、先生との間にある愛についての静の不安は解消される。

「あなたは私に責任があるんだと思ってやしませんか」（中略）「どうぞ隠さずにいって下さい。そう思われるのは身を切られるより辛いんだから」と奥さんがまたいった。（上十八）

「ええ。もしそれが源因だとすれば、私の責任だけはなくなるんだから、それだけでも私大変楽になれるんですが、……」（上十九）

静は、Kの自死に自分が関与しているのではないかと感じている。確かに、先生に疑念を抱かせるようなKへの近付き（下二十七・三十二）（注⑰）に見えた部分もあった。しかし、この点については、「親友を一人亡くしただけで、そんなに変化できるものでしょうか」（上十九）と思っていた静にとっては、それで先生が自死する原因にとは思えまいし、遺書を読んで、ましてや自分が関与の責任を負わねばならぬ、という理解にはなるまい。「誠実なる先生の批評家および同情家」(上十八)として見えた静であるから。

遺書の内容が、「私」から先生への敬愛をもって伝えられれば、静が懐く先生の陰についての不審は解消されるだろう。

(注⑮)「私はその晩の事を記憶のうちから抽き抜いてここへ詳しく書いた。これは書くだけの必要があるから書いた」(上二十)とあるのは、先生の家の附近で盗難が発生し、先生留守の日に「私」が先生宅へ用心棒代わりに訪ね、静との対話があった場面(上十六〜二十)。そこには、外にも多くの静の姿が観察されている。「先生に嫌われているという静」「先生を愛しているという静」「先生を人間嫌いという静」「先生の思想を人生観と呼ぶ静」「Kの死を変死という静」

(注⑯)男性に媚を売る女性としてコケットな面を静に見る説がある。「御嬢さんは私の嫌な例の笑い方」をして「何処へいったのか中てゝみろ」と言った。これも含め、柳澤浩哉(前掲書参照)や寺田健一のいうようにコケティッシュな言い方ととるのがよいだろう。寺田健一「お嬢さんの〝笑い〟—漱石『こゝろ』の一視点」『日本文学』日本文学協会(1980.7)

(注⑰)静や奥さんの行動を「策略」(下十五)・「技巧」(下三十四)とみることを強調する説。秋山公男『『こゝろ』の死と倫理—我執との相関—』『国語と国文学』至文堂(1982.2)稿者には、母子の策略も、男性のいない家庭からすれば、自然なことと思える。

(7　静の不安解消のために)

先生の自死によってもたらされる懐疑は静の精神不安につながっていた。それを解消することが静の心と命を救うと「私」には理解できていた。Kの自死について、先生の思いと静の見方は違っていた。

私の仮定ははたして誤らなかった。けれども私はただ恋の半面だけを想像に描き得たに過ぎなかった。先生は美しい恋愛の裏に、恐ろしい悲劇を持っていた。そうしてその悲劇のどんなに先生にとって見惨（みじめ）なものであるかは相手の奥さんにまるで知れていなかった。奥さんは今でもそれを知らずにいる。先生はそれを奥さんに隠して死んだ。先生は奥さんの幸福を破壊する前に、まず自分の生命を破壊してしまった。

「奥さんは今でもそれを知らずにいる」とあるが、「私」と静との対話の中で次のようなこともあった。

みんなは云えないのよ。みんな云うと叱られるから。しかられないところだけよ。」（上十九）

この発言では、静が全てを知っているように思っている。しかし、

「Kさんが生きていたら、あなたもそんなにはならなかったでしょう」というのです。私はそうかも知れないと答えた事がありましたが、私の答えた意味と、妻の了解した意味とは全く違っていたのですから、私は心のうちで悲しかったのです。それでも私は妻に何事も説明する気にはなれませんでした。（下五十三）

Kの自死についての理解が静と先生では違った。静は、変死したKについて、先生が友人としてひどく淋しいのだ、と理解していた。

先生に取って「容易ならんこの一点が、妻には常に暗黒に見えた」。それを思うと、先生は静に対して「非常に気の毒な気がした」（下五十四）。静が「見て歯痒がる前に」先生「自身が何層倍歯痒い思いを重ねて来たか知れない」（下五十五）のだった。

「容易ならん一点」には、先生にとって、二つのことが絡んで暗い背景となっている。一つは、静との恋愛において、Kを出し抜いてまで求婚し、その裏切りによって間接的にKを自死に追い込み、それが「真面目だ」「己れは立派な人間だ」（下五十二）と自負していた先生の自己矛盾に繋がった悲劇。今一つは、Kに「人間らしく」させようとして、奥さんの反対を押し切ってまで、下宿にKを呼び込んだ末に、自死に至らしめたという、先生自身の思想実践家として破綻した悲劇であった。勿論いずれも静には分からなかった。Kの自死に対しての静の「み

んな」（注⑱）と、先生のそれとは、「私」には、「静と対話した記憶」と「遺書にある先生の記述」との対照から、齟齬のあることが読み取れていた。「私は今この悲劇について何事も語らない」（上十二）が、いずれ、手記を書いている今の「私」は、「今でもそれを知らずにいる」静に、「この悲劇について」語る日が来ることを予感させている。静に理解できなかった、Kの自死に纏わる背景を知らせることは、静の、Kの自死に静自身がかかわったのではないか、という不安も解くことができるのであった。それが静への開示である。

（注⑱）静が「みんな」、つまり、先生の陰の全てを知っていた、と見方もあるようだ（石原千秋『テクストはまちがわない』参照）。それで思い当たるのは、「私」が先生宅に訪れていたある日の会話のこと。

「いや考えたんじゃない。やったんです。やった後で驚いたんです。そうして非常に怖くなったんです」　私はもう少し先まで同じ道を辿って行きたかった。すると襖の陰で「あなた、あなた」という奥さんの声が二度聞こえた。先生は二度目に「何だい」といった。奥さんは「ちょっと」と先生を次の間《ま》へ呼んだ。二人の間にどんな用事が起ったのか、私には解らなかった。それを想像する余裕を与えないほど早く先生はまた座敷へ帰って来た。「とにかくあまり私を信用してはいけませんよ。今に後悔するから。そうして自分が欺かれた返報に、残酷な復讐をするようになるものだから」（上十四）

ここで、静が先生を呼んだ理由が何だったのか。稿者にはまだ分からない。

※ただ推察できるのは、先生の「やったんです。」という言葉に、静が、「実はKを手にかけて死に至らしめたのは先生自身だったのか」という勘違いで、先まわりをして制止したのではないか、そして結局は、静は「みんな」を知っていなかったのだ、ということなのではないか。（※拙論の本書再

録に当たって補入）

（8　口頭から遺書へ）

遺書の内容は、当初口頭で伝えられるはずだった。しかし、

「適当の時機が来なくっちゃ話さないんだから。」（上三十一）。

いよいよ話そうとして、先生は田舎にいる「私」に電報を打った。

私はちょっとあなたに会いたかった。（中略）あなたの希望通り私の過去をあなたの為に物語りたかったのです。（下一）

先生のこの電報は、乃木大将殉死の二、三日後に重なる。

御大葬の夜（中略）相図の号砲を聞きました。（中略）それがそれが乃木大将の永久に去った報知にもなっていた。（中略）それから二、三日して、私はとうとう自殺する決心をした（下五十六）。

先生にとって「過去」を伝える「適当の時機」、最期の「自由」がやってきた。一方電報を受けとった「私」の方では、「父の病気の危篤に陥りつつある旨」を電報で、「委細手紙」で「その日のうちに認めて郵便で出した」（中十二）。先生は電報と手紙を受け取ると、

私は失望して永らくあの電報を眺めていました。あなたも電報だけでは気が済まなかったとみえて、また後から長い手紙（中略）で、あなたの出京できない事情がよく解りました（下一）

そして、先生は「私」に「来ないでもよろしい」（中十三）と電報を打つ。「私」の手記の中にある遺書の一部には次のようにある。

私はやむを得ず、口でいうべきところを、筆で申し上げる事にしました（中十七）

遺書には次のように続く。

「どうせ書くなら、この手紙を書いて上げたかったから、そうして、この手紙を書くにはまだ時機が少し早過ぎたから、已めにしたのです。私がただ来るに及ばないという簡単な電報を再び打ったのは、それがためです」（下一）「私はそ

れからこの手紙を書き出しました。平生筆を持ちつけない私には、自分の思うように、事件なり思想なりが運ばないのが重い苦痛でした」(下二)

こうして、口頭で伝えるはずだった先生の過去は遺書という形あるものとして残されることになった。

ここで、注意しておきたいのは、先生が「来ないでもよろしい」という電報をよこした時は「この手紙を書くにはまだ時機が少し早過ぎた」。つまり、先生は自死の決意はあっても、まだ、遺書を書くまでに至っていなかった。「事件なり思想なりが運ばなかったのだ。Kの自死について、また自分の「事件」「思想」について、説明出来るほどにまでなっていなかった、ということである。

私が死のうと決心してから、もう十日以上になりますが、その大部分はあなたにこの長い自叙伝の一節を書き残すために使用されたものと思って下さい。始めはあなたに会って話をする気でいたのですが、書いてみると、かえってその方が自分を判然(はっきり)描き出す事ができたような心持がして嬉しいのです。私を生んだ私の過去(下五十六)

先生は、「死のうと決心してから」十日以上もの間、「事件」「思想」の整理に時間を要し、ようやく遺書を書き終えたのだった。これは、遺書を書く中で自身の過去を振り返り、ようやく説明ができそうな所に来た、ということである。遺書の最後になって、「私を生んだ私の過去」と、先生は自身の「思想」と「過去」が一体のものであることを知った(第5章参照)。「書く」ことで、先生は、自身の過去を振り返り、それに気づいた。同じく「私」も手記を認め、そして読みなおす中で、自身の過去も先生の過去も振り返り、気付きを増していったのだ。

遺書は、書かれたものであるから、生の声として静に先生の思いや真相を伝えることができたのである。口頭で「私」に伝えられていたら、生の声として静には届かなかっただろう。先生が書いたものだからこそ、静に真相を伝え、先生の後を追って命を絶つような思いを食い止められる。だからこそ、「私」は、遺書の編集を頭文字「K」だけにとどめ、極力先生が「偽りなく」（下五十六）書いたままに伝えようとしたのである。

（9　遺書の公開へ）

静に先生の生の声を伝えるだけなら、そのまま遺書を渡せばよい。しかし、渡すだけでは誤解を生む。真意を伝えるためには、心の準備と確認作業が必要であった。それが手記執筆の意味であった。「私」にとって、静に遺書を開示する狙いと動機は揃った。「静を死なせたくないという先生の遺志」「Kの自死に対する静の誤解（齟齬）」「先生の静に対する定かな愛の気持ち」。これらを「先生の心の闇」という共通の関心事を持ち、「慰め」合い、「私」の「心臓（ハート）を動かし」ていた静に知らせて、最も「私」の懸念する「後追い死」を救いたい。

そして、もう一つ、静にも伝えたいが、広く現代の人にも伝えたいもの、それが先生の「思想の実践」であった。それが遺書公開に繋がるのだ。実は、先生の「思想実践」は、静を「後追い死」から救うことと無縁ではない。Kの自死に纏わる先生の暗い陰には、Kに対して施した「人間らしく」させるという実践があったからなのだ。生前の先生に対して最も静が理解できていない点はそこにあった（第7章参照）。

> 誰も語り得るものはないのですから、それを偽りなく書き残して置く私の努力は、人間を知る上において、あなたにとっても、外の人にとっても、徒労ではなかろうと思います。（下五十六）

この遺書の言葉を静が読んだとき、自身への愛は勿論のこと、遺書の内容が多くの人の目に触れること、そして、それが、破綻はしたけれども「人間らしく」を「思想」の実践の教訓として、多くの人の目に触れるのを望んでいたことは了解できるであろう。そして、先生の「過去」が「偽りなく」綴られていることに、思想の理解しがたいことも含めて、改めて静は先生をより理解したことであろう。

【K自死の原因・先生の自死の原因】

Kはどうして自死したのか、先生の推理はこうである。

私はKの死因を繰り返し繰り返し考えたのです。（中略）Kは正しく失恋のために死んだもの（中略）、現実と理想の衝突、――（中略）私はしまいにKが私のようにたった一人で淋しくって（中略）急に所決したのではなかろうか（下五十三）

Kの自死の真相は、本当は先生にもよく見えなかったのかもしれない。

私に乃木さんの死んだ理由がよく解らないように、あなたにも私の自殺する訳が明らかに呑み込めないかも知れません（下五十六）

このことは、先生にとってのKの自死についても同じく「死んだ理由がよく解らない」のだと言えよう。

しかし、先生は、Kが最終的には「たった一人で淋しく」て所決した（注⑲）、と考えている。そして、「慄（ぞっ）として」「私もKの歩いた路を、Kと同じように辿っているのだ」と「予覚」したのだ。

ここは、先生にとって、Kを精神的独立を旨として、「自由と独立と己れとに充ちた現代」を生きる同志と感じ、最後はKも同じく「淋しみ」を感じたのだと思った。そして、Kが自死したのと同じ路を「辿っているのだ」、自分もあの壮絶なKの自死を自分も迎えるのか、というのが「慄として」なのであろう。Kは、まさしく露骨な「利己心の発現」によって、自分の路を破壊してしまったのである（注⑳）。Kの自死は誰かを死に追いやったがためではない。一方の先生の自死は、Kを自死に至らしめた一端の自責の念があった。

「私は淋しい人間です」と先生がいった。（上七）

「自由と独立と己れとに充ちた現代」を生きる犠牲として、結果的に、先生は「淋しみ」を味わったのだった。

しかし、もう一つ考えなければならないことがある。先生の自死の原因は、何であったか。

もし私が亡友に対すると同じような善良な心で、妻の前に懺悔の言葉を並べたなら、妻は嬉し涙をこぼしても私の罪を許してくれたに違いないのです。それをあえてしない私に利害の打算があるはずはありません。（下五十二）

私は罪滅しとでも名づけなければならない、一種の気分に支配されていたのです（下五十二）

ここで先生の言う「罪」とは何か。先生はどうして自死したのだろうか。遺書の最後をたどってみよう。

先生は静が不幸だと思い謝る。それは自身に謝るのと同じだった。静の母親が病気になり懇切に看病したが、それは、大きな意味からいうと「人間のため」だった（下五十三）。母亡き後は、静を親切に扱った。先生は「人間の罪」（注㉑）を深く感じた。それが、Kの墓参り、妻の母の看護、静に優しくしてやること、だった。自分で自分を殺すべきだという考えが起る。その不可思議な力は冷やかな声で笑う。自分でよく知っているくせにと（下五十四）。九月になったら、「私」に会う気でいた（下五十五）。明治天皇崩御の後、静に向って「もし自分が殉死するならば、明治の精神に殉死するつもりだ」といった。先生はできる限りこの不可思議な自分を、「私」に解らせるように、遺書で己れを尽した（下五十六）。

こう見てくると、Kの自死に自責の念を感じたことだけが先生の自死の原因ではないことが分かる。先生は、「自由と独立と己れとが充ちた現代」を生きる上での自身の思想実践の破綻に、自分だけではなく、現代の多くの人が迎えるであろう「たった一人」の「淋しみ」ということに「人間の罪」を真っ先に感じ取ったのだ。そして、それを、新しい思想の時代を生きる人々に、その時代の困難さを自らの失敗をもって示したかったのだ。「人間の罪」を感じ、奥さんが病気になった時、「力の及ぶかぎり懇切に看護をしてや」ったのも「妻に優しくしてや」ったのも「人間のため」（下五十四）であった。思想の実践が果ては「淋しみ」を迎えるという「人間の罪」まで感じ取った。それが、「他の参考に供する」「教訓」に、ということであった。そして、ともに同じ時代を生きたKへの贖罪として、遺書を残し「私」に託したのだ。勿論、その贖罪は、不幸にさせた静への贖罪でもあり、自らの自責の念でもあった。それが分かれば、静も公開されることに納得できるだろう。

（注⑲）小森陽一は、「Kの方が、より主体的に「自由と独立と己れとに充ちた現代」を論理として選び取っていた」が、「淋しさ」を感じて所決したのではない、とする。（前掲論文

参照）

（注⑳）秋山公男、前掲論文参照

（注㉑）Kの自死に関与することが「人間の罪」とは飛躍だ、という論説があるが、「自由と独立と己れとに充ちた現代に生れた我々は、その犠牲としてみんなこの淋しみを味わわなくてはならないでしょう」（上十四）とあるように、この現代を生き抜こうとする「我々」の問題であって、先生だけの問題ではない。先生は「人間らしく」という実践をもって生きた結果、間接的にではあるが、Kを自死に至らしめたことを、「人間の罪」と言った。そしてそれが、「己れ」のぶつかり合う現代人が「みんな」味わう「淋しみ」なのだ、ということである。

（10　「私」の贖罪）

「私」の手記には、先生の遺書を擁護する意味においてだけではなく、もう一つの目的があった。それは、「私」の親族への釈明、そして父親への思い、さらには、先生への思いがあった。

先生の遺書を「私」に渡したのは兄（中十六）であった。そして、父母は頼んでおいたはずの就職斡旋の件を心待ちにしていた。

頼んだ位地の事とばかり信じ切った母は、「本当に間の悪い時は仕方のないものだね」といって残念そうな顔をした。（中十二）

父危篤に際しては、電報で忙しい兄や妹の夫を呼び寄せたことについて、「私」自身も理解している。

とにかく兄や妹の夫まで呼び寄せた私が、父の病気を打遣って、東京へ行く訳には行かなかった。（中十二）

そんな中、父の危篤を放り出して、「私」は母と兄に上京する旨のみを連絡して急遽東京に行く。家族からすれば、親族を呼び寄せておいて、父の危篤を振り切ってまで上京するというのだから、せめて手紙（遺書）の中身を明かさないではおかない、というところだろう。その釈明の義務を「私」は負うことになった。

私が先生に向けて送った書いた長い手紙の返事は来なかった。二日目にまた電報が私宛で届いた。それには来ないでもよろしいという文句だけしかなかった。私はそれを母に見せた。「大方手紙で何とかいってきて下さるつもりだろうよ」（中十三）

母は、先生からの最後の手紙の内容を就職斡旋の返事だと思っているだろう。ましてや、こんな時に「私」が上京などできまい、と言う。

「今にもむずかしいという大病人を放ちらかしておいて、誰が勝手に東京へなんか行けるものかね」（中十二）

兄は、急遽の東京行きを知るや、「私」が「先生先生」と呼ぶ人物に疑念を抱いたのだから、なおのこと、手紙の中身を知りたがるだろう。

「先生先生というのは一体誰の事だい」と兄が聞いた。（中十五）

この言葉の後には、生前の先生を「イゴイスト」（中十五）と呼んだ兄の言葉があった。遺書を見せるだけでは、「イゴイスト」の汚名も晴らすことは難しい。遺書にある、Kに対する先生の行為は「イゴイスト」そのものである。上京の釈明にもならない。

この窮地に立って、「私」はどう対応するのだろうか。「私」にとって、遺書を「私」の親族に知らせるには、まだ時間が必要だった。

子を持つ頃（上八）になって、「私」はなぜ手記と遺書を公開したのか。いや、公開することを決意する何かがあったのではないか。

就職斡旋を先生に期待した母親に、「私」の意図がどれだけ伝わるか分からないが、中でも先生を「イゴイスト」と言った兄に対しては、先生の名誉のためにも是非とも伝えたい。確かに、先生の行動には先生自身も言うように「利己心」が発現した。その意味では、「人間らしく」己を生きることが、「利己（イゴイスト）」となり、「淋しみ」を味わうこととなった。だからこそ、よくよく心して生きなければならない、難しい世の中になった、という「教訓」（上三十一・下二）となる。先生は「自由と独立と己れとに充ちた」という現代を「人間らしさ」をもって生きる実践家であり、それが先生の思想であった。残念ながら「利己心」の発現となって、挫折したのであったが、そのことを、先生が「私」のみならず、「他の参考に供する」ことを望んだのである。自分が敬愛した先生は、これからの新しい時代を生きる人々への警鐘として、自らの死と遺書をもって、伝えようとした人であったことを「私」は今も生きる家族に伝えたかった。

『こゝろ』には、先生、静、Kと名前が伏せられたり、改変されている。しかし、その一方で実名も使われた。それが、母親の「お光」(中十六)と、妹の夫の姓である「関」(中十四)である。稿者は、この名に関して、手記の書き手である「私」はあえて実名を書いたと考える。父の危篤を振り捨てて東京行の列車に飛び乗ったことには、親族家族に対して釈明の責任がある。父死去の後の母親も気がかりではあったはずである。

私はむしろ父がいなくなったあとの母を想像して気の毒に思った。(上三十六)

しかし、そこに兄の名前や父親の名前を出すことには憚りがある。それでも、「私」であることが分からなければ、伝わらない。兄にこの先生の思いが伝わるためには、「お光」「関」という二つの名がヒントになっただろう。

さらに、「私」にとって、父親への思いは痛切であったろう。

「私」は先生と父親を比較して、「肉のなかに先生の力が喰い込んでいるといっても、血のなかに先生の命が流れているといっても(中略)、誇張でないように思われた」(上二十三)「先生の方が、それほどにもないものを珍しそうに嬉しがる父よりも、かえって高尚に見えた」(中一)「先生と関係の絶えるのは私にとって大いな苦痛であった」(中八)「私はこの不快な心持の両端に地位、教育、性格の全然異なった二人の面影を眺めた」(中十二)「私は父に叱られたり、母の機嫌を損じたりするよりも、先生から見下げられるのを遥かに恐れていた」(中十一)

そうかといって、「私」が何も父親に対して恩を感じていなかったわけでもなく、むしろ気の毒に思い、ありがたくもあった。

> 「生きてるうちに卒業はできまいと思ったのが、達者なうちに免状を持って来たから、それが嬉しいんだって」（中二）

生きている内に卒業証書を持ち帰ったことを喜ぶ父のことをいう「私」。

> 父は（中略）私の卒業する前に死ぬだろうと思い定めていたとみえる。その卒業が父の心にどのくらい響くかも考えずにいた私は全く愚かものであった。（中一）

勿論、父親の不満に「私」は、納得しているわけでもなかった。

> 何もできないから遊んでいるのだ（中十五）「学問をさせると人間がとかく理屈っぽくなっていけない」（中略）私はこの簡単な一句のうちに、父が平生から私に対してもっている不平の全体を見た（中三）「何もしていないというのは、またどういう訳かね。お前がそれほど尊敬するくらいな人なら何かやっていそうなものだがね」（中略）父の考えでは、役に立つものは世の中へ出てみんな相当の地位を得て働いている。必竟やくざだから遊んでいるのだと結論しているらしかった。（中六）

そんな父親の不満を「私」は煙たがったが、手記執筆の今はこう語る。

> 「私はその時自分の言葉使いの角張ったところに気が付かずに、父の不平の方ばかりを無理のように思った。」（中三）

そして、九月初めの上京を承諾してくれた。その状況が就職の目的ではなかったのに。

> 東京で好い地位を求めろといって、私を強いたがる父の頭には矛盾があった。私はその矛盾をおかしく思ったと同時に、そのお蔭でまた東京へ出られるのを喜んだ（中七）。九月始めになって、私はいよいよまた東京へ出ようとした。私は父に向かって当分今まで通り学資を送ってくれるように頼んだ。（中略）私は父の希望する地位を得るために東京へ行くような事をいった（中八）

ここには、父親の期待に沿うことは本意ではないものの、死期迫る父親に真意を告げずに、就職という父親の希望を利用して、上京しようとした後悔が、今の「私」にはある。先生からの電報に対する母の言葉には、就職斡旋という父の期待が反映されていた。

傍にいる母は、それに釣り込まれたのか、病人に気力を付けるためか、先生から電報のきた事を、あたかも私の位置が父の希望する通り東京にあったように話した。（中十三）

父親には、気の毒に思いこそすれ、決して愛想を尽かしたわけでもなく、いい加減に利用したことを後悔している「私」である。こんな父の危篤を振り捨てて、結果上京してしまった。「父がもう二、三日保（も）つだろうか」（中十八）と思い、上京したのだから、結果すぐに帰郷できても、親族からの疑念は拭えない。もし、いまだ父が存命であっても、信用は取り戻せまい。なにより、父に対しての申し訳なさは、「私」の心に永遠に残るであろう。手記を書いた今の「私」には、子供もいるようだ（上八）。ならば、より一層のこと、子を持つ親としての、当時の父の思いは、生きた時代や人生観が変わろうとも、今の「私」にとって、この出来事は拭い去れない悔恨の情であったはずだ。まさに、手記は「父親への贖罪の書」であった。

「私」にとって、もう一人贖罪すべき人がいる。先生その人である。大正以降の現代を生きるために、先生の残した思想の実践は、必ずや世の人の為に役立つ実践であった。少なくとも先生はそう思っていた（他の参考に供したい）。先生は、思想実践者の破綻者ではあったが、勇気をもって、その過去の全てを「私」に託した。しかし、静に対しては、遺書を公開されることで、間接的にではあるが、Kの自死、果ては先生の自死にも関わったことを罪として知らせてしまう。もし、そう感じる「私」がいたら、「私」こそ、その最後の「人間の罪」を感じなくてはならない。なぜなら、「私」という存在があったからこそ、先生は遺書を託して自死したのだから（注㉒）。

「私は死ぬ前にたった一人で好いから、他を信用して死にたいと思っている。あなたはそのたっ

た一人になれますか。なってくれますか。」（中三十一）

「私」が先生の思想を追求せずにいたなら、「私」が先生に自分を信用させなかったら、「私」が先生の「温かく流れる血潮を啜ろうとし」なかったら、「私」が先生に「真面目だ」と言わなかったら、先生の自死は「私」によってもたらされることはなかった。先生の言った「適当の時機」は訪れなかったのである。全て、先生に近づいた「私」にこそ責任があった。この手記を書き終わった「私」にそれが知覚されたことだろう。そのためにも、手記と遺書は公開されなければならなかった。公開によって、結果「淋しみ」を味わうしかなった先生が「自由と独立と己れとに充ちた現代」に挑戦し、「人間らしく」を実践したことは伝わるだろう。

親族には父親危篤の際の突然の上京の釈明として、父を欺いた悔恨の情として、静の心と命の救済、そして生前、静への愛、そして静に生き続けてほしいと願った先生、新しい時代に生きる人々に「自由と独立と己れとに充ちた」現代を生き抜くことで生じる難しさと「淋しさ」を伝えようとした先生、これらを一度に伝えるには、公開という方法しかなかった。「イゴイスト」と呼ばれかねない先生の遺書を公開するには、「私」による先生批判（注⑧参照）ではなく、寧ろ先生への「哀れみ」と一層の「尊敬」（先生擁護）の気持ちでなければ、受け入れられるものではない。

こうして遺書はKや不幸にさせた静への「先生の贖罪」の書であり、手記は、先生や父親への「私」の贖罪」の書となった。

（注㉒）柳澤浩哉は「青年に過去を語る約束したことで先生の意識に変化が起こり、自分の死を現実のものとして考えるようになったのである。」とする（前掲書参照）。

（その後の「私」）

「私」が先生に過去を迫り「私」が遺書の受け手にならなければ、先生の自死はなかった。このことで先生がKの自死に間接的に関わったように、「私」

も先生の自死に間接的に関わってしまったのである。

先生は「私」に過去を話す前に「私」には経験が足りないと言った。今「私」には先生と同じように間接的にも他人の自死に関わった、という経験をもったのだ。そして、Kも先生も歩んだ「自由と独立と己れとに充ちた現代」を今の「私」も歩んでいる。果たして「私」も先生と同じく「淋しみ」を味わうことになるのであろうか。「私」のおかれている精神環境は、経済的背景から見て、先生と異なりKに近いかもしれない。「経済的独立」がなければ、社会的実践が叶わないことはKの例を見れば明らかである。先生を敬愛してきた「私」に特段の経済的背景があるわけでもない。それでいて、「自由と独立と己れとに充ちた現代」を歩もうとするなら、「精神的独立」と「経済的独立」を同時に果たさなければならないことは、子供のいる「私」に課せられた使命でもある。その意味ではKや先生以上の苦境にいる。先生は「明治の精神に殉死するつもりだ」と言った(注㉓)。このことは、精神的独立では、現代を生きぬいてはゆけぬ、というメッセージにもなってしまった。

「私」は、父自身が死後の孤独な母親を思いやりながらも、「私」に東京での地位を求める父の矛盾について語った(中七)。その一方で「私」自身も、父危篤の際に向けて九州にいる兄に「一度顔だけでも見に帰ったらどうだ」(上三十六)と本来の自分らしからぬ手紙を書いた。

私はそうした矛盾を汽車の中で考えた。考えているうちに自分が自分に気の変りやすい軽薄もののように思われて来た。私は不愉快になった。

(上三十六)

先生の遺書を読み、手記の中の自分を振り返りするなかで、「私」も自身の矛盾に気付いた。先生と同じく「私」も、自身に矛盾を抱えながらも、他人の矛盾には敏感であるのだ。先生の遺書と「私」の手記の中で、それぞれが呼応し合って、自身の中に存在する自己矛盾を見出していった。「私」には先生の姿がそのまま映り、「私」自身の矛盾にも思いが及んだはずである。

このように、個々がそれぞれに「矛盾」を孕んで生きており、その自己の矛盾に気が付かないでいる。

「矛盾」を孕んだ「己れ」が、それぞれに「自由」に自己を主張すれば、どうなるか。それが「自由と独立と己れと充ちた現代」に生きることの危うさであり、先生が伝えようとしたことであった。

（注㉓）「明治の精神殉死する」は、静に対するレトリックで、その実は「自由と独立と己れと充ちた現代」への殉死である。荒正人「贖罪と殉死は全く性質を異にしたもの」『漱石文学全集大六巻『こころ』解説』集英社（1971）参照。

「私はその時何だか古い不要な言葉に新しい意義を盛り得たような心持がしたのです（下五十六）」という先生の言葉には、「精神的独立」を振りかざすのも、もはや古いのだ、という意味合いにもとれると稿者は考える。

（最後に）

テクスト論としては、K・先生・「私」のモデルを云々することに意味がない。しかし、あえて言うなら、基本的には、三人全て夏目漱石（金之助）がモデルであると考える。Kが医家の養子となって姓を変えた、とあるが、それは、Kが名前であることを意味する。夏目漱石は本名を金之助と言い、一歳の時に塩原家に養子に出される。紆余曲折あって、夏目家に戻されるのは、二十歳の時であった。Kと先生が同じく「淋しさ」の果てに亡くなったこと。先生と「私」が血を啜り合い、思い合う仲であったこと、遺書の中の先生の自称「私」と手記の中での自称「私」が重なり合うように反応も文体も似ていること（注㉔）、先生と「私」の間にあった相違は夏目漱石のなかにある二面性であったと解し、「自由と独立と己れとみ充ちた」現代の思想に生きた三人は、夏目漱石の時代と苦悩とにまるまる重なるのである。勿論「義理堅い点において、むしろ武士に似たところ」「道のためにはすべてを犠牲にすべきものだというのが彼の第一信条」などから、Kを乃木希典や清澤満之に見ることも間違いではない。漱石を慕った小宮豊隆を「私」に見立てるのもいい（注㉕）。

「こゝろ」を発表し終え（大正三年 1914.8.11）、

学習院にて、漱石が行った講演（大正三年1914.11.25）を考え合わせるとどうだろう。後に「私の個人主義」と題される講演である。漱石は講演の中でこう述べている。イギリス留学中に自己本位で生きることに思い立ち帰国するが、それでは互いの自己がぶつかる。「自己の個性の発展を仕遂げようと思うならば、同時に他人の個性も尊重しなければならない」「他に影響のないかぎり、僕は左を向く、君は右を向いても差支ないくらいの自由は、自分でも把持し、他人にも付与しなくてはなるまいかと考えられます。それがとりもなおさず私のいう個人主義なのです。」「他の存在を尊敬すると同時に自分の存在を尊敬するというのが私の解釈」「個人主義は人を目標として向背を決するまえに、まず理非を明らめて、去就を定めるのだから、ある場合にはたった一人ぼっちになって、淋しい心持がするのです。」（注㉖）以上は、先生が「自由と独立と己れとに充ちた現代に生れた我々は、その犠牲としてみんなこの淋しみを味わわなくてはならないでしょう」（上十四）といったのと、そのまま重なる。『こゝろ』（下　先生と遺書）の主題に「エゴイズム」を見た猪野謙二も「先生と漱石とはいうまでもなく、同一の人物であるわけがない。だが、多くの漱石研究者の常套の手法にならって、そこにトルソをつくってゆくことは、わたくしにも許されてよいであろう」（注㉗）としている。

勿論のこと、全てをモデル論で考えるわけではない。『こゝろ』の批評として、大正初年の日本世相と切り離せないとしたのはこのことである。ただし、現代のテクスト論として評する限りは、モデル論も乃木希典批判や静子批判も不要である。

本稿冒頭に、「循環性額縁構造」と言った。「心　先生の遺書」として新聞紙上に発表されたものが、「上　先生と私」「中　両親と私」「下　先生と遺書」と三部立てになったが、そのことで「先生の遺書」から「先生と遺書」（下）となった。上中とともに「―と―」という形に揃えた、ということもあるが、「先生と遺書」となることで、「私」の眼が、先生という人物と、その人が書いた遺書とを客観的に見合わせ往還し、振り返っているように感じられるのは、稿者だけだろうか。

（注㉔）蓮見重彦、前掲書参照。

（注㉕）モデル論その他については、拙著「夏目漱石の思想の現在―「自己本位・私の個人主義・そして則天去私へ」―（附）「こゝろ」のKのモデルについて」『独創第33号』兵庫県高等学校教育研究部会国語部会東播磨支部（2020.3）参照。

（注㉖）「私の個人主義」小森陽一編『夏目漱石、現代を語る』角川新書（2016）所収）

（注㉗）猪野謙二「『心』における自我の問題」『明治の作家』岩波書店（1966）所収。

※（この拙論の本書再録にあたって）

第三章（80頁）に引用の

「鳥の子紙の証書は、なかなか父の自由にはならなかった。適当な位置に置かれるや否や、すぐ己れに自然な勢いを得て倒れようとした。」

というのも、「私」という存在が、父の〝自由〟にはならないということだけではなく、父の〝自由〟という束縛から逃れることによって、家族という輪から疎外されることへの、「私」としての、そして父としての「淋しみ」という意味で、「自由と独立と己れに充ちた現代に生まれた我々は、その犠牲としてみんなこの淋しみを味わわなくてはならないでしょう。」（上十四）ということの暗示ではないだろうか。

五 『夢十夜 第六話』再考
――「それで……略解った」と言ってしまう教育ある者の危うさ――

(0 はじめに)

『夢十夜』の「第六話」は、次のように終わる。

遂に明治の木には到底仁王は埋まっていないものだと悟った。それで運慶が今日まで生きている理由も略《ほぼ》解った。

この最後の二文を結ぶ「それで」は、作中の「自分」によるものであるが、ここの論理関係をどう読むべきだろうか。

「第六話」は、これまでに様々な角度から読まれてきた。「人間存在の原罪的不安」(注①)「名人の芸術感覚」(注②)「生命の不滅を信仰に基づく芸術によって表現」(注③)「漱石の芸術観、創作方法のエッセンス」(注④)「「開花」の矛盾と皮相を風刺」(注⑤)「明治の精神の空洞、漱石の自己存在の無根拠性を象徴」(注⑥)など。それらは、いずれも夏目漱石その人の芸術観、明治という時代・文化観に着目したものである。これらに対して、石原千秋は、テクスト論者としての批評立場に立って、この「第六話」の主題に「「芸術」の誕生する仕掛け」を読んだ(注⑦)。

石原は、作品批評の立ち位置について、それまでの批評に対し「テクスト内の要因を、漱石の実体験や論者の価値点・先入観といったテクスト外部の体系によって意味づけている点で(中略)恣意的であると言わざるを得ない」と言う(注⑧)。

石原は、漱石の『こゝろ』の批評において明治期の「男性中心社会」を指標(切り口)にしている(注

⑨）。作品の時代背景を批評の指標とすることについては、幸いに『こゝろ』には、「乃木大将の殉死」という作中の時代を示す内容がある。一方「第六話」にも、「明治」という時代が明示されてはいる。

稿者は、石原と同じくテクスト論の立ち位置で、かつ石原とは違う観点から、改めて「第六話」を単独のテクストとして、その内部に批評の指標を据えつつ、再考してみたい。

（1　運慶と明治）

冒頭では、運慶が仁王を彫っている処の描写がつづられている。一つには、大変色彩豊かに描写されている。

「大きな赤松」「遠い青空」「松の緑と朱塗りの門」一方、「その幹が斜めに山門の甍を隠し」「門の左の端を眼障りにならない様に、斜に切って行って、上になる程幅を広く屋根まで突出している」と、護国寺の山門の細部は秘されている。その全体を「何となく古風である」と語り手の「自分」は評し、「鎌倉時代と思われる。」とする。「思われる」であるから断定ではない。そしてそのすぐ後には「所が見て居るものは、みんな自分と同じく、明治の人間である」と、こちらは「自分」も含めて明治の人間の一人であるとして、断定的である。明治の「自分」には、今見えている護国寺の山門が、後の運慶も含めて、「自分」にとって、時空の隔てのある別世界のものであるようなことが語られる。

最初の色彩豊かな描写は何なのか。その後に続く、明治側の人間の描写や「自分」の家での描写には、色彩に関する描写は出てこない。つまり、明治とは時空を異にするところの「鎌倉時代と思われる」「護国寺の山門」が、通常のセピア色乃至はモノクロで描く過去描写とは逆に、色鮮やかに映っている。それは、後に登場する明治人たちの関心を惹くべくクローズアップされた描写であり、主人公「自分」がみせる結末の行動へと導く緒となってている。

（2　教育ある「自分」）

運慶が護国寺の山門で仁王を彫っているところを多くの人が寄って下馬評をやっている。その中の、「自分」が「余程無教育な男と見える」と評する人物がこういう。

「昔から誰が強いって仁王程強い人ぁ無いって云いますぜ。なんでも日本武尊《やまとたけのみこと》（注⑩）よりも強いんだってえからね」

…此の男は尻を端折って帽子を被らずにいた。

「自分」にとっては、「尻を端折る」「帽子を被らない」（注⑪）ことが「無教育」である、という判断の根拠となっている。そして、そのことは、「自分」には〝教育がある〟ことを表明していることになる。

またこれより先には、別の車夫と思われる男が、

「人間を拵えるより余っ程骨が折れるだろう。」

といっている。ここの「人間を拵える」は「人間を生む」「子供を生む」という車夫の下世話な表現であるだろう（注⑫）。ここにも〝教育ある〟「自分」が透けて見える。

さて、その〝教育ある〟「自分」は、

運慶は頭に小さい烏帽子の様なものを乗せて、素袍だか何だか判らない大きな袖を背中に括っている。その様子が如何にも古くさい。わいわい云っている見物人とは丸で釣り合いが取れない様である。自分はどうして今時分迄運慶が生きているのかなと思った。どうも不思議な事があるものだと考えながら、矢張り立って見ていた。（傍線部は稿者、以下同じ）

という。不思議な出来事に疑問を抱き、懐疑的な姿勢を見せている。さすがに〝教育ある〟者らしく慎重である。その一方で「丸で釣り合いが取れない様」とは、さも〝教育ある〟「自分」は運慶の良き理解者とでも言いたげである。

しかし、そこに、もう一人の若い男の見物人が登場する。その若い男の発する言葉に「自分」が反応していると、若い男が最後に言う。

「なに、あれは眉や鼻を鑿で作るんじゃない。あの通り眉や鼻が木の中に埋まっているのを、鑿と槌の力で掘り出すまでだ。まるで土の中か

ら石を掘りだす様なものだから決して間違うはずはない。」（注⑬）

それまでは、「自分」を教育ある者と自負し、他の見物人とは一線を画していた「自分」であったが、その若い男の言葉を受けて、

自分はこの時始めて彫刻とはそんなものかと思い出した。果たしてそうなら誰にでも出来る事だと思い出した。それで急に自分も仁王が彫ってみたくなったから見物をやめて早速家へ帰った。

ここに、あの「尻を端折り」「帽子を被らず」にいた男を「無教育」と評した〝教育ある〟はずの「自分」が、いとも簡単に、「流石は運慶」と評した若い男の言を信じるという短絡さが露呈されている。

自分は一番大きいのを選んで、勢いよく彫り始めてみたが、不幸にして仁王は見つからなかった。その次のにも運悪く掘り当てる出来なかった。

「彫る」という芸術的所作が「掘る」という肉体作業に置き換わっている（注⑭）。若い男がどれほど彫刻に精通していたかどうかは定かではない。それを「自分」は確かめもせずに、若い男のいうままに、「彫刻とはそんなものか」と一人で納得し、行動に移る。浅はかな発想である。〝教育ある〟と思っている「自分」が、である。若い男の言ったことをただ、短絡的になぞっただけの「自分」の行為であった。加えて、若い男が「鑿と槌」と言ったのを、「鑿と金槌」に置き換え、さらに彫った材木は、「先達て暴風《あらし》」で倒れた「樫」である。確かに「自分」が見ていた運慶は、「堅い木」を削っていた。しかし「樫」という木材は一般的に加工しにくく、乾燥しにくく、およそ仏像彫刻には適さない。運慶の時代に仏像の材料としていたものは「檜」（注⑮）であった。しかもよく乾いたものを使用していたのであって、決して「暴風」で雨ざらしにあった堅い木の「樫」などではなかった。「槌」が「金槌」に変わった。運慶が動かしているのは「槌」であって「鎚」ではない。ここからも、芸術的所作ではなく、肉体作業の所作として「自分」が受け取っているのが分かる。いや、そうとったからこそ、「誰にでも出来ることだ」とし

て、彫ろうと思いついたのだ。彫刻に対する「自分」の無教育があからさまである。若い男の発言をそのまま受け取る「自分」のお粗末さ。おまけに、その成果の無さを「不幸にして」「運悪く」というダメ押し付きである。ここまでくれば、あれほど「教育の有無」を他者の批評基準においていた「自分」であったのに、曖昧な他者の意見に動かされて行動してしまう、という「自分」自身の教育の程が浮き彫りにされてしまった。

（3　「若い男」とのやり取り）

見物人の中でも「若い男」に関しては、並み居る他の見物人とは違い〝教育ある〟者として「自分」の側にいる人間とみている「自分」がいる。

「自分」に〝仁王を彫る〟という行動を起こさせた「若い男」とのやり取りを振り返っておこう。石原は自らの論の展開において、「自分」のコミュニケーションの在り方に着目している（注⑯）。「自分」と「若い男」のコミュニケーションはどれほどのものであったろうか。確かに、「流石は運慶だな。眼中に我々なしだ。……」と言った「若い男」の言葉を面白いと思い、目線を送ると、「すかさず」「あの鑿と槌の使い方を見給え。大自在の妙境に達している。」と言い、「自分」が「能くあゝ無造作に鑿を使って、思う様な眉や鼻が出来るものだな。」と独り言の様に言えば、「若い男」が「なに、あれは…」と反応する。対話のようでありながら、その実、「若い男」からの一方的な働きかけである。「自分」からの働きかけとしてのメッセージはない。とても対話とはいえない。

一方、運慶と見物人との関係においては、

運慶は見物人の評判には委細頓着なく鑿と槌を動かしている。一向振り向きもしない。

これは、運慶や護国寺の様子が、見物人の明治の場とは時空を異にしていることによる現れである。その時空を異にした運慶の作業を目の前にして繰り広げられる見物人達の言動に対し、一見対話のある明治人の中で、結局「自分」は、自らの発信もなく、ひたすら受動的であった。そして、「若い男」の言葉を真に受けて、自宅に帰って「自分」も仁王を彫ってみよう、という安易な行動をとる。すべて独りよがりである。他と対話しない、コミュニケーションをとらない「自分」の言動は、果たして〝教育ある〟と言えるだろうか（注⑰）。

（4　「寓話的」素材としての運慶）

冒頭の「護国寺」（注⑱）に現在も仁王はあるものの、歴史的には、「護国寺」は十七世紀のものであって、運慶の生きた十三世紀のそれではない。「鎌倉時代とも思われる」との判断も「何となく古風である」という全体の雰囲気から発せられたものである。また実際の鎌倉当時の大きな仏像は寄木造であり、運慶作の興福寺南大門の仁王像も寄木造である（注⑲）。実は、そういう荒唐無稽な取り合わせそのものが、「夢」なのであり、だからこそ「不思議」なのであろうが、その荒唐無稽の映像を前にして、「自分も仁王を彫ってみたくなった」という短絡発想につながるのも「夢」ならばこそなのだろうか。この「第六話」は「第一話二・三・五話」のように「こんな夢を見た」では始まってはいない。「夢」として扱わないのなら、幻想である。佐藤泰正は、この第六話を「いかにも寓話的に〈作った夢〉だなという感じ」と評した（注⑳）。「寓話的」ならば、何が譬えで何が本質なのか、ということになる。

（まとめ）

「遂に明治の木には到底仁王は埋まっていないものだと悟った。それで運慶が今日まで生きている理由も略《ほぼ》解った。」という末尾を考えてみよう。まず、「明治の木には到底仁王は埋まっていないものだ」という「自分」の判断についてである。一つには、そのモデルとなっている、運慶なり仁王なりの存在がたとえ夢の中のフィクションであるにせよ、荒唐無稽な設定であること。二つには、若い男の言を鵜呑みにして、対話による検証もせずに、独りよがりな判断で、仁王を彫ろうとして、不具合な素材や道具によって実行しようとしたこと。そして三つには、その結果を「不運」「不幸」と言って自身の思考や実行の振り返りもしないこと。これらから、その判断に根拠のないことが分かった。であるなら、次の「それで」によって導かれる「運慶が今日まで生きている理由も略解った。」という部分にも根拠のないことが分かる(注㉑)。つまり、「よく解ってもいないこと」を「略解った」と「自分」は言っているということが、「内包された読者」(注㉒)には読み取れる、ということになる。よって、「自分」が言うところの「運慶が今日まで生きている理由」とは何か、ということを詮索することそのものが愚問である、ということになる。

結局、自身こそ〝教育ある〟者であると思っている「自分」という人間の妄想が語られていたのだ。佐藤泰正のいう「寓話的」という評について言えば、稿者は、運慶の芸術も鎌倉時代も「寓話的」のための素材であり譬えの一つと考える。そして、〝教育ある〟者ということをこのテクストの分析のための内部指標として取り上げる。

つまりは「教育がある」と思うことの危うさが語られており、それは取りも直さず、「教育ある者の危うさ」でもある、ということである。もっと言えば、「誇り得る何か、自信ある何かに依拠する者の危うさ」と言ってもいい。そういうことを「自分」という人物の言動を通して、稿者は読み取った。

(注)

注①伊藤整『現代日本小説大系第十六巻解説』(河出書房　1949) 伊藤の批評は「第六話」だけではなく、『夢十夜』全体の批評である。伊藤のこの批評により、『夢十夜』は評価され始めた。

注②吉本隆明著『夏目漱石を読む』(ちくま文庫 2009 p44)

注③関谷由美子著『〈磁場〉の漱石』(翰林書房 2013 p103)

注④駒尺喜美著『漱石　その自己本位と連帯と』(八木書店 1970 p35)

注⑤佐藤泰正著『夏目漱石論』(筑摩書房 1986)

注⑥柄谷行人著『増補夏目漱石集成』(平凡社ライブラリー 2001 p101)

注⑦石原千秋は、次のように結んでいる。

「第六夜」の読者は、最後に「自分」が何を「わかった」かがわからない。そう、そのとき「第六夜」こそが解釈されるべき価値と内容を持つ「芸術」となっているのである。「第六夜」とは「芸術」が誕生する仕掛けそれ自体を書いた小説だった。

(「「芸術」が生まれるとき―『夢十夜』「第六話」」『国語教室』第 108 号 大修館 2018. 10)

注⑧石原千秋著『テクストはまちがわない』(筑摩書房 2004 p152)

注⑨石原千秋著「今、漱石を読む」第2回 男同士の争い――『こころ』②|国語教育 記事一覧|WEB国語教室|株式会社大修館書店 教科書・教材サイト (taishukan. co. jp)
(https://www. taishukan. co. jp/kokugo/media/blog/?act=detail&id=80 最終閲覧日 2021. 3. 3)

注⑩「日本武尊」の読みは、令和の現在では、「ヤマトタケルノミコト」が一般であるが、『日本書紀』北野社本・熱田神宮本の訓にあるという「ヤマトタケノミコト」と読む方が本来である、との説が有力である(『国史大辞典』(吉川弘文館 1979)。とすると、「無教育」な男の発言は、むしろ、本来の読み方をしているのである。

注⑪石原千秋前掲著「「芸術」が生まれるとき―『夢十夜』「第六話」」

注⑫笹淵友一著『夏目漱石―「夢十夜」論ほか―』(明治書院 1986 p106)

注⑬「ミケランジェロが大理石塊を見ると、その中にできあがった作品が埋まっているのがみえたという伝説」(大岡昇平著『小説家夏目漱石』ちくま書房 1988 p303)。また、笹淵友一は、このミケランジェロ伝説を詳しく調査している。笹淵友一前掲書 (p106)

注⑭高山宏著『夢十夜を十夜で』(羽鳥書店 2011 p172)

注⑮日本の古代仏像彫刻の素材となったのは、飛鳥白鳳時代には「クスノキ」、奈良時代前期には「ヒノキ」、奈良時代後期から平安時代初期には「カヤ」、そして平安時代中期以降は「ヒノキ」、それ以外の木はほとんど使われていない、という。「第六話」のモデルと思われる現存する興福寺南大門の運慶作「仁王像」は檜《ヒノキ》の寄木造で作られている。金子啓明他著『仏像の樹種から考える古代一木彫像の謎』(東京美術 2015) 参照。

注⑯石原千秋は、コミュニケーションのない運慶の世界に対して、見物人とのコミュニケーションの成立過程に、「自分」の場が「明治」であることを確信してゆく(石原千秋前掲書『テクストはまちがわない』p175) とするが、前掲書「「芸術」が生まれるとき—」(注⑦) では、「自分」が明治の見物人とうまくコミュニケーションが取れていない」としている。

注⑰スティーブ・スローマン&フィリップファーンマック著『知っているつもり　無知の科学』(早川書店 2018刊) には、レフ・ヴィゴツキ (二〇世紀初頭のロシア心理学者) の「知性は社会的存在である」という見方を紹介しつつ、次のように述べている。以下にまとめてみる。

「関心を共有することは、知識のコミュニティに参画する上で重要な第一歩」とする一方で、「コミュニティのなかに知識があることを知っているだけで、私たちは自分が知っているような気になる」(p137) のであり、「他の人の頭の中にあることを、自分の頭の中にあると思い込むと」(p144)を「知識の錯覚」とも呼んでいる。

テクストの「若い男」の言を対話 (コミュニケーション) もなく自分の知識とする「自分」の危うさを言い当てているかのようだ。

注⑱一般名称の「護国寺」は、近世十七世紀の名称である。延暦十五年 (796) 創建の京都南区にある「東寺」は、嵯峨天皇が弘仁十四年 (823) に弘法大師空海に下賜された時に「教王護国寺」という名称が与えられたが、一般に言う「護国寺」ではない。そして、いわゆる「護国寺」も、江戸期の間は別名であったのが、明治になって戻った名称であるという。したがって、第六話での「護国寺の山門」「仁王」「運慶」「鎌倉時代」という取り合わせが、虚構の中での産物なのである。その組み合わせに「護国寺」が選ばれたのは「日本が危ない状況にある」明治という時代を意味したと読み取り、「仁王は彫られる木に蔵されているのではなく、彫る人の心に宿っているからこそ、運慶は今日まで生きていなければならなかったのだ」と看取することは、それはそれで面白い（高山宏前掲書・注⑭ p170・173）

注⑲笹淵友一も「寄木造」に関して言及しており、加えて「山門に据える仁王をその場で刻むことなどありうべきことではない。」としている（笹淵友一前掲書 p106）。

注⑳吉本隆明＋佐藤泰正著　新装版『漱石的主題』（春秋社 2004 p104）

注㉑佐藤裕子も次のように指摘する。

「積んである薪を片っ端から彫った揚句に、「明治の木には到底仁王は埋まってゐない」と悟り、「それで運慶が今日迄生きている理由も略解」るというのである。この結末と、結末に至る理由との間には明らかに飛躍がある。」（佐藤裕子著『『夢十夜』小論〔フェリス女学院大学文学部紀要29号 1994. 3 p91～100〕』

注㉒「イーザーの言う「内包された読者」は、テクストに構造的に組み込まれた分析概念だった。（中略）実在の私たち読者とつながってはいるが、実在の読者そのものではなく、実在の読者がテクストに対してとるべき態度とでも言うべきものだった。」として、作品を「テクスト」として読む場合の読者のあるべきスタンスを述べている。（石原千秋著『読者はどこにいるのか』河出書房新社 2009 p116. 142）。

注㉓本稿の最初に断った、何をテクストの外部とするか、について、確かに「明治」は、テクストの中にもある時代設定である。であるなら、テクストの主題を「明治における、教育ある者の危うさ」とすることでもきる。

本稿での「第六話」本文は、『漱石全集第十巻』（全三十四巻　岩波書店 1956）をもとに、読みやすいように、表記を改めた。

六　太田豊太郎 ――「弱くふびんなる心」をめぐって――

(0　はじめに)

「舞姫」という物語は、五年前に独逸に向けて出航した時から今、日本に向けて帰るまでの期間を、自身の幼少期も含めて、セイゴンの港に停泊中の船のなかで回想する、という設定で語られている。そのため自ずと物語の進行時間に重層的な意味合いを帯びてくる。読者にはそこで語られる心理が果たして手記執筆現在のものか、回想内の過去の時間なのかが判別つきにくい。本論では、それを時間の流れに解きほぐしながら、主人公豊太郎の心理の展開を考察し、副題の豊太郎の「弱くふびんなる心」とは何か、そしてそれが物語にどう関わっているのかを考察するものである。

これを考える前に、是非とも触れておかねばならない諸論文がある。亀井秀雄氏は、主人公豊太郎が「ベルリンへ着いてからエリスと別れるまでの過程」における現在と、「手記執筆現在」といった「二重の時間構造」を持っているとして「書くに過程における自己の再認識という精神的事件の表現として『舞姫』は読まれるべき」であると指摘し(注①)、前田愛氏は空間論の立場から、『舞姫』というテクストが「ベルリンの都市空間を『内』と『外』の対立項で分節化したテクスト」であると述べた(注②)。これらを受けて、小森陽一氏が、相澤を通して豊太郎を見た視点「相澤的コード」とエリスを通して豊太郎を見た視点「エリス的コード」の二つが、豊太郎自身の視点の中に取り込まれて、それぞれが豊太郎の回想の中に錯綜して現れ、回想手記が織りなされていく過程を見事に分析してみせた(注③)。以後田中実氏(注④)、松沢和宏氏(注⑤)、山崎一穎氏(注⑥)も、この二重時間構造という認識の上に立って論じた。

筆者は、明治二十年当時の日本の文化史的背景、また豊太郎の心理的背景を考察するという観点を導入することによって、小森氏の言う二つの「コード」が「弱くふびんなる心」といかに関わるのかという点から先ず考えていきたい。文化史的背景というと勢い作者森鴎外との結びつきを想起されそうであるので、一言注記しておきたい。例えば小森氏の論文は、その論拠を『舞姫』自体の中に見出し、その意味において完結しているわけで、亀井氏が言う『舞姫』の歴史的な意味を認めた上で、私たちは、その内容を鴎外の実生活と短絡させてしまう読み方を警戒してゆくことが必要である」(注①)という立場を踏まえている。同じように私もまた、鴎外の実生活に結びつけることを意図しない。それだけでなく、現代的視点から考察することによってもたらされる時代錯誤的な解釈を避け、明治二十年代に青年として生きた豊太郎という人物の心性を明らかにしたいのである。

(1　豊太郎の「弱き心」への気づき)

この物語に散見する「弱い心」「穉《おさな》き心」について、豊太郎はいかにして自身のそれに気づいたのであろうか。この点については、すでに小森氏の指摘がある通り(注③)、相澤の発言に依ると考えてよい。つまり相澤が天方伯について独逸にやってきて、豊太郎をホテルに呼び寄せ、天方大臣との面会後、「午餐」に誘った時の会話の中で、

この一段のことは素と生まれながらなる弱き心より出でしなれば、今更言はんに甲斐なし。(傍線は宮脇、以下同じ)

といった相澤の発言である。本来豊太郎という人間は、

余は幼きころより厳しき庭の訓を受けしかひに、父をば早く喪ひつれど、学問の荒み衰ふることなく、旧藩の学館にありし日も、東京に出でて予備黌《よびこう》に通ひしときも、大学法学部に入りし後も、太田豊太郎といふ名はいつも一級の首にしるされたりしに、一人子の我を力になして世を渡る母の心は慰みけらし。十九の歳には学士の称を受けて、大学の立ちてよりそのころまでに

またなき名誉なりと人にも言はれ、某省に出仕して、故郷なる母を都に呼び迎へ、楽しき年を送ること三とせばかり、官長の覚え殊なりしかば、洋行して一課の事務を取り調べよとの命を受け、我が名を成さむも、我が家を興さむも、今ぞとおもふ心の勇み立ちて、五十をこえし母に別るるをもさまで悲しとは思はず、はるばると家を離れてベルリンの都に来ぬ。

と回想冒頭部分にあり、また自ら「耐忍勉強」と言い、自身の語学能力についもて、「(人が)いづくにていつの間にかくは学び得つると問はぬことなかりき」と嘯くほどに、自身の能力に絶大なる自信をもって自負していた人物であった。そんな自信家が他の人の自分への意見、それも自分にとって低い評価の批評を聴く耳など持ち合わせようはずもない。今相澤の意見を聴きそれを受け入れたのにも、相澤が先ず最初に経済的窮地を救った人間であり、「我失行」を咎められはしないかと懸念していた豊太郎を「なかなかに余を譴めんとはせず、かへりて他の凡庸なる諸生輩を罵りき」と受け入れ、味方してくれた人間であったからである。後にエリスが悪阻ではないかという時「ああ、さらぬだに覚束なきは我身の行末なるに、もし真なりせばいかにせまし」と思っていた豊太郎にとって、「汝が名誉を恢復するもこの時にあるべきぞ」との手紙はまさに暗雲に射す光であったろう。そんな相澤であるからこそ、心動かされたのである。「あだなる美観に心をば動かさじの誓い」をもって自負していた豊太郎が、「余が胸臆を開いて物語りし不幸なる閲歴」を唯一相澤に向けることができたのも、このような自身への救済の手を感じてのことであった。

この相澤の「弱き心」の指摘は、それ以後豊太郎自身の行動への自己理解(自己弁護)に一つの物差しを提供しているのである。ところが、相澤から「弱き心」の指摘を受けたその時には、すでに免官、そしてエリスとも深い仲もなってしまった後のことであった。ことは動いてしまっていたのである。

では、相澤からの、この「弱き心」の指摘がありながらも、本文最後の結末において、自身の「弱き心」に起因するエリスの発狂、そのエリスを置いての帰郷に際して、どうして相澤を憎まなければならないのか。どうして、自身の自己断罪へと繋がってはいかなかったのか。深い罪意識へと繋がっていれば、妊娠・発狂のエリスをどうして置いて行くことができただろうか。

（2　豊太郎の「恨」）

ここで、物語の冒頭と結末に見られるひとつの呼応について考えておく。物語の結末は、

> 嗚呼、相澤謙吉が如き良友は世にまた得がたかるべし。されど我脳裡に一点の彼を憎むこころ今日までも残れりけり。

この「一点の彼（相澤）を憎む」に思い合わされるのが、冒頭部分の「一点の翳」となった「恨」である。冒頭の「恨」は一体誰に向けられたものであろうか。「この恨は初め一抹の雲の如く我心を掠めて、瑞西《スイス》の山色をも見せず」とあって、「恨」は豊太郎が独逸《ドイツ》にいるときは感じておらず、独逸をはなれて感じはじめたのであることが分かる。「相澤への恨」というのではなく、帰東の船上での豊太郎には、「誰への恨」か判然としないが、「鏡に映る影、声に応ずる響きの如く、限りなき懐旧を呼び起して、幾度となく我心を苦しむ」のである。その苦しみを「銷《しょう》せむ」ために「概略を文に綴」ってみようというのである。

この手記が、相澤からの「弱き心」の指摘があって後に書かれているのであるから、書き始め当初にはすでに自身の「弱き心」の認識がある。にも拘わらず、手記中に「この交際の疎いがために、彼人々は唯余を嘲り、余を嫉むのみならで、また余を猜疑することになりぬ。これぞ余が冤罪を身に負ひて、暫時の間に無量の艱難を閲し尽くす媒なりける。」とあって、「概略」を途中まで認め終えたこの時においてさえ、自身の「弱き心」に対して自己弁護はしても自己批判意識は極めて薄いと言わざるを得ない。それは自身の「弱き心」がエリスを追い込んだことへの自覚がないということである。自身の「弱き心」が、エリスをして「我豊太郎ぬし、かくまで我をば欺き玉ひしか」と言わしめたことの根本的原因でありながらも、回想内の過去時点では、そうだと認知

して行動を伴う自戒の念へと発展していなかったのである。確かに、「我脳中には唯々、我は免すべからぬ罪人なりと思ふ心のみ満ち満ちたりき」とあって、天方伯からの帰東の誘いを「承はり侍り」と応えてしまったことに対する「罪」としての意識が、回想の過去時点にはあったことを物語る。しかし、それも相澤による「離別の意志」の伝達が豊太郎の人事不省の間になされたという他律的な理由付けによって、「エリスが生ける屍を抱きて千行《ちすじ》の涙を濺《そそ》ぎしは幾度ぞ」と言いながらも、深い「自己断罪」の意識を持たぬまま、妊娠・発狂のエリスを置いて帰東してしまったのである(注⑦)。先の、天方伯の帰東の誘いに「承はり侍り」と応えた時の手記の記述に「何らの特操なき心ぞ」とある。しかし、これも手記執筆時の述懐であって、「承はり侍り」と応えたその時の思いではない。

　以上のことは、豊太郎が自身の「弱き心」には気づいていながらも、それが真に罪悪感という意識には結びつかずに、ただ他律的な「弱き心」という認識が自己弁護のために正当化されたまま、豊太郎の独逸での行動がなされてしまったことを意味するのである。そしてまた、物語冒頭に、自身の日記の書けない理由として「ニル・アドミラリイ」に続いて「われとわが心さへ変りやすき」「きのふの是はけふの非なるわが心の瞬間」を挙げ、それをも否定して「人知らぬ恨」が提出されるのであったが、これからみて、帰東の船上では「何らの特操なき心（変りやすき心）」が「恨」の原因であるという認識は持っていないということになろう。そうすると、この「恨」は豊太郎自身への「恨」ではなく、ひたすら妊娠・発狂のエリスを置いて帰東してしまうことになった事実への「恨」と言えよう（やはり誰かへの「恨」ではない。しかし、誰かに向けたい「恨」ではあった）。

　相澤との会見で、エリスとの「交」を「意を決して断て」と言われた場面で、

　わが弱き心には思ひ定めんよしなかりしが、しばらく友の言に従ひて、この情縁を断たんと約しき。余は守る所を失はじと思ひて、おのれに敵するものには抗抵すれども、友に対して否と

　はえ対へぬが常なり。

と記す。さすがに、その直後「余は心の中に一種の寒さを覚えき」とあって、何かしら心にエリスへの不誠実への自責の念は感じてはいたが、それがそのままで終わってしまった。また、その一月ばかり後、天方伯より魯西亜《ロシア》への同行を言われた場面にも、

　「いかで命に従はざらむ。」余は我が耻《はじ》を表さん。この答へはいち早く決断して言ひしにあらず。余はおのれが信じて頼む心を生じたる人に、卒然ものを問はれたるときは、咄嗟の間、その答への範囲をよくも量らず、直ちにうべなふことあり。さてうべなひし上にて、そのなし難きに心づきても、強ひて当時の心うつろなりしを掩ひ隠し、耐忍してこれを実行することしばしばなり。

と、自己弁護している。豊太郎が「友」「信じて頼む人」からの依頼に、何の異も唱えずに承伏するという行動パターンをよく示している。それが「所動的、器械的」なのあでった。実は豊太郎の「耐忍勉強」の「耐忍」とは、このような主体性の乏しいものであった。「功名の念」も「模糊たる」もの、「勉強力」も「検束に慣れたる」ものでしかなかったということは帰東途上の船上での述懐である。相澤からの「弱き心」を指摘されて後はすでに自身が「弱き心」と分かっていながら、やはり「否とはえ対へぬ」豊太郎なのであった。しかし、もう一つ大事なことは、それが「耻」として表明されたということである。

　今一つ例を上げよう。魯西亜滞在中に、エリスから来た手紙に対して、

　嗚呼《ああ》、余はこの書を見てはじめて我が地位を明視しえたり。耻かしきはわが鈍き心なり。余は我が身一つの進退につきても、また我が身にかかはらぬ他人の事につきても、決断ありと自ら心に誇りしが、この決断は順境にのみありて、逆境にはあらず。我と人との関係を照らさんとするときは、頼みし胸中の鏡は曇りたり。

　大臣は既に我に厚し。されどわが近眼はただおのれが尽くしたる職分をのみ見き。余はこれに未来の望みをつなぐことには、神も知るらむ、絶えて想ひいたらざりき。

されど今ここに心づきて、我が心はなほ冷然たりしか。

そこに至るまで、自身は「決断ありと自ら心に誇」っていたのである。そしてエリスの手紙でやっと「我と人との関係を照らさんとするときは、頼みし胸中の鏡(注⑧)は曇りたり」と、人との関係においての決断ができない自身に気づくのである。ここの「恥かしきはわが鈍き心なり」とは、何時の心情であろうか。おそらく、対象は小森氏の言うように(注③)、「豊太郎が意識していなかった、相澤や天方伯との関係における位置」、彼らと共に帰東し、「「世の用に」「足り」る可能性をもっている彼の位置」であり、そのことに対するエリスの心痛、それら両面に対して「鈍き心」を感じ取っての心情であろう。そうすると「恥かしき」は独逸滞在中の気持ちとしてとれる。しかし、そうだとして、その「恥」が果たして、厳しい罪意識に繫がっていったかというと、「されど今ここに心づきて、我が心はなほ冷然たりしか」という述懐から見て、回想の過去時間には「自己断罪」の意識へと発展しきれていないのである。独逸滞在中は、「恥」が「恥」として留まり、帰東途上の今、再びその「恥」に自身が向かい合ったのである。

(3　罪意識の獲得)

豊太郎には「自己断罪」の罪意識は遂に起こらなかったのであろうか。もう一度繰り返すが、妊娠・発狂のエリスを置いて帰東してしまったのであるから、帰東の時点では、「自己断罪」ほどの「罪意識」はなかったといえよう。しかし、それなら物語の最後にどうして、良友の相澤を憎む心が生じてくるのであろうか。実は、この冒頭の「恨」こそが、豊太郎の「自己断罪」の罪意識を深層に秘めた心理(表層では気づいていない心理)なのであろう(注③)。妊娠・発狂のエリスを置いて帰東してしまった豊太郎ではあったが、何か心のわだかまりに気づきはじめる。それが独逸を出立した直後に生じ、「幾度となく我が心を苦しむ」中で、誰に帰属することもない「人知れぬ恨」を癒すために「その概略を文に綴」って、その所在を振り返るのである。手記執筆時には、自らの「弱き心」への認識はあるものの、それがエリスを発狂に追いやったことへの自覚はない。意識の表層には「自己断罪」がなく、未だ「罪意識」とは繋がっていない自らの「弱き心」の自覚のみをもって、綴られるのである。そして、回想の中で、しばしば自己の「弱き心」と対面し、その「弱き心」が、相澤の進言「エリスとの情縁を断つ」ことを受け入れた時の言い訳となったことを再確認する。一方では、エリスの妊娠を心から喜べなかった自身をも発見する。

悪阻《つわり》といふものならんとはじめて心づきしは母なりき。嗚呼、さらぬだにおぼつかなきは我が身の行く末なるに、もし真なりせばいかにせまし。今朝は日曜なれば家に在れど、心は楽しからず。

このように手記を綴る中で、しだいに豊太郎は自己の性情を振り返り、エリスとの別れの原因と「弱き心」とを向かい合わせてゆくことになる。そしてついに、天方伯からの誘いに「承はり侍り」と応えた場面を思い返し、

「我脳中には唯々我は免すべからぬ罪人なりと思ふ心のみ満ち満ちたりき」

と記述した直後(決して回想内の過去時間ではない)に、自身の罪が自身の「弱き心」に起因するということが、セイゴンの船上で、初めて意識の表層に上ってくるのであった。

前章で述べたように、エリスの手紙によって自身の置かれた地位（帰東の可能性、エリスの心情）を知り「恥かしきはわが鈍き心」と思ったものの、それを「なほ冷然たりしか」と行動に変化の無かった豊太郎ではあったが、今帰東途上にあって、当時を振り返ったとき、「わが近眼はただおのれが尽くしたる職分をのみ見」た自身に対し、また「我が心はなほ冷然たりし」自身に対して、「恥」を感じ、そしてその恥意識は、「自己断罪」の意識には至らなかった独逸滞在中の「我脳中には唯々我は免すべからぬ罪人なりと思ふ心のみ満ち満ちたりき」を再び思い返した時、「自己断罪の罪意識」が「一点の翳」と響き始めたことだろう。その「響き」は、豊太郎の心情を徐々に穏やかならざるものに向かわせる(注⑨)。

そう意識し始めた豊太郎には、もはやそれまでのように、自身の「弱き心」を語り「恥」を思う余裕などはない。手記は堰を切ったように一気に流れ始める。

豊太郎の意識は、「自己断罪」の「翳《かげ》」をどうにかしたいという方向に向けられていく。「自己断罪」は、「弱き心」の豊太郎には耐え難き重荷であった。どうしても晴らすことのできない重荷であった(「人知らぬ恨」)。そうするところに、相澤に帰着する理由があった(「この恩人は彼を精神的に殺ししなり」)。相澤は確かに恩人であった。相澤なくして今の帰東はありえなかった。しかし、事実として相澤が豊太郎の帰東の意志をエリスに告げた。それだけを理由に「相澤さえいなければ、エリスをあのような目にあわせることもなかったのだ」という思いに駆られてしまったのである。この「自己断罪」の重荷を相澤にでも帰着させなければ、恐らく豊太郎自身の自己破壊を招いたに違いない。それほどに豊太郎の「弱き心」は深刻であったのだ。心理学的には「防衛」ということになろう。自己の罪を相澤に向けることで心のバランスを図ったのである(山崎一穎氏が、「失行」「悪因」も帰国途次の豊太郎が心の均衡を保つための表現とした(注⑥)のは、「一点の翳」と向き合いたくない心情としてはよく理解できる)。「自己断罪」の厳しさと正面から向かい合ってはいない状態、そのこと自体が「弱き心」そのものなのであるが、豊太郎の弱性から言って、相澤にでも向けなければ自己の精神を保つことができなかったのも真実であろう。その「弱き心」の本性とは何なのか、なぜ、相澤に向けられねば、豊太郎自身の自己破壊を招くほどに深刻であったのだろうか。

(4 「弱き心」の本性)

エリスとの出会いの後、二、三マルクの銀貨を与え時計を貸し与えた礼として、下宿にやってきた時のことを「ああ、何らの悪因ぞ」と述懐する。これはもちろん、手記執筆時の気持ちであり、そのすぐ後の記述(その名を斥《さ》さんは憚りあれど、同郷人の中に事を好む人あり、余がしばしば芝居に出入して、女優と交るということを、官長の許に報じつ。さらぬだに余が頗る学問の岐路に走るを知りて憎み思ひし官長は、遂に旨を公使館に伝へて、我官を免じ、職を解いたり。）からして、自身の免官の端緒がここにあることをいみじくも述懐していることになる。そうすると「エリスとの愛」より「名誉恢復・帰東」の方が大事であったということになるのであろうか。独逸にいたときに、間に子までなしたエリスとの関係は、相澤の言うように「慣習」（注⑩）でしかなかったのであろうか。ここで「あだなる美観に心をば動かさじ」という誓いを思い返してみよう。

母の期待を一身に受けて、「母の教に従ひ、人の神童なりなど褒むるが嬉しさに怠らず学び」、それによって「一人子の我を力になして世を渡る母の心は慰みけらし」という母子一体感、それがお国の役目を得て欧州に来たのであるから、「あだなる美観に心をば動かさじ」というのも当然ではある。しかし、そのことが、自らを「所動的、器械的の人物」となさしめたことの要因であることへの自覚はなかった。豊太郎はその反発の矛先を官長に求め、「自由」に向かう「まことの我」の正当性を母に求めた。

余はひそかに思ふやう、我が母は余を活きたる辞書となさんとし、我が官長は余を活きたる法律となさんとやしけん。辞書たらむはなほ堪ふべけれど、法律たらんは忍ぶべからず。

「所動的、器械的」なる性格は母子一体感に起因しているにも拘わらず、「所動的、器械的」とは対立する「自由・独立」の獲得の為に、母親の意向に沿うことを理由にしている。本来同根の心性をそれぞれの行動理由にするところに、すでに豊太郎にとって「自由・独立」への飛躍は有り得なかったのである。また「あだなる美観に心をば奪われじ」と考えていること自体が西洋文化の花である「自由・独立」への妨げにもなる。「あだなる美観」の最たる例であるエリスへの出会いに際しても、

その見上げたる目には、人に否とはいはせぬ媚態あり。この目の働きは知りてするにや、また自ら知らぬにや。

と、警戒感をもっており、またエリスとの出会いの最初に「余所目に見るより清白」「子弟の交り」と言

い、自らの行動を律しようとするものの、「エリスを愛する情」に至る理由を、豊太郎の免官がエリスの母親に知れることを恐れて、「母にはこれを秘め玉へ」と言ったエリスの言葉においている（注⑪）。極めて受動的な、「してもらうことによって感じ取る愛」であり、母性思慕の心性を物語る（注⑫）。エリスに対しての豊太郎のこの「愛」の指標は、魯西亜に旅立つ豊太郎に向けられたエリスの行動に対しても伺われる。

かはゆき独り子を出し遣る母もかくは心を用ゐじ。

豊太郎のエリスへの愛は、常に母性を思慕する時のようなの形をとっている。思えば、エリスへの愛の深まりは、豊太郎の母死去の報せの後のことであった。エリスへの愛は母性思慕の代償ともいえるのである。その意味でエリスは豊太郎の「アニマ」的存在であった。

豊太郎は、早くに父を亡くし、母一人子一人のなかで育てられ、母の喜ぶ顔を励みに成長してきた。女性といえば母親の像しかない。「弱き心」も「所動的、器械的」性格も、この母子一体の中から生じてきたものなのである。その母親（またなく慕ふ母）の死去は豊太郎にとって何物にも替えがたい心の痛手であったろう。であるから、手紙の中身を詳述するに耐えないのである（注⑬）。その喪った母性への思慕を、エリスという少女に向けたのであった。

豊太郎とエリスの出会いを振り返ってみよう。先ず、猶太《ユダヤ》教とおぼしき教会の前に佇み「声を呑みつつ泣くひとりの少女」エリス、それは周囲から「猜疑」「讒誣《ざんぶ》」される豊太郎の疎外感と響き合う。手記執筆時には自身の心を「処女に似たり」とも言う。また「わが黄なる面」という意識は、西洋の町にいる東洋人の疎外感であり、当時独逸でも疎外されていた猶太教徒、そしてその翁の住む町にいるエリスとの深層での共鳴でもあった（注⑭）。そしてエリスの言葉

「我を救ひたまへ、君。わが恥なき人とならんを。母はわが彼の言葉に従はねばとて、我を打ちき。父は死にたり。明日は葬らではかなはぬに、家に一銭の貯へだになし。」

の意味を、エリスの家に行って了解する。その時、エリスが自身と同じく母一人子一人の境遇になった

ことを知るのである。しかも、豊太郎の母親のような人ではなく、娘の身を売るとまで言う母親なのである(注⑮)。ここに「憐憫の情」とは別に、母性思慕の下地（「わが臆病なる心」）が隠されていたのである。そうしているときに、免官・母死去の知らせと畳みかけてくる不幸に、「心の誠を顕はして、助の綱」(注⑪)を投げ掛けたのはエリスであった。こうして豊太郎は、その深層としてエリスに母性思慕の代償を求めていったのである。その母性思慕の深層意識が、手記を綴り自身の「弱き心」を思い合わせて過去を「懐旧」するとき、根本は一つのものとして、意識の表層で向かい合ったのである。

　余が幼きころより長者の教へを守りて、学びの道をたどりしも、仕への道をあゆみしも、皆勇気ありてよくしたるにあらず、耐忍勉強の力と見えしも、皆自ら欺き、人をさへ欺きつるにて、人のたどらせたる道を、ただ一すぢにたどりしのみ。よそに心の乱れざりしは、外物を棄てて顧みぬほどの勇気ありしにあらず、ただ外物に恐れて自らわが手足を縛せしのみ。故郷を立ちいづる前にも、我が有為の人物なることを疑はず、また我が心のよく耐へんことをも深く信じたりき。嗚呼、彼も一時。舟の横浜を離るるまでは、天晴《あっぱれ》豪傑と思ひし身も、せきあへぬ涙に手巾をぬらしつるを我ながら怪しと思ひしが、これぞなかなかに我が本性なりける。この心は生まれながらにやありけん、また早く父を失ひて母の手に育てられしによりてや生じけん。

これを記述するに至って、豊太郎は、自身の母性依存を再認識したであろう。にも拘わらず、それ以後の手記の中で、留学生の「猜疑」を「冤罪」と言い切るのは、やはり母性依存を自身の罪とは感じていなかったのである。従ってここでもまだ、妊娠・発狂のエリスをおいて帰東してしまった原因を母性依存と結びつけられてはいない。

　母性依存が、エリスとの別れをもたらす最初の接点は、やはり豊太郎の魯西亜滞在中に来たエリスからの手紙に求められるであろう。

　「(前略)君は故里に頼もしき族なしとのたまへば、この地によき世渡りのたつきあらば、とどまりたまはぬことやはある。また我が愛もてつなぎ留めではやまじ。（中略）いかなる業をなしてもこの地にとどまりて、君が世に出でたまはん日をこそ待ためと常には思ひしが、しばしの旅とて立ち出でたまひしよりこの二十日ばかり、別離の思ひは日にけに茂りゆくのみ。（中略）我が身の常ならぬがやうやくにしるくなれる、それさへあるに、よしやいかなることありとも、我をばゆめな棄てたまひそ。母とはいたく争ひぬ。されど我が身の過ぎしころには似で思ひ定めたるを見て心折れぬ。わが東に往かん日には、ステッチンわたりの農家に、遠き縁者あるに、身を寄せんとぞいふなる。（後略）」

この手紙には、エリスの激しい情愛が伺われる。そしてその情愛は、「母を置いてでも豊太郎について往く」というもので、豊太郎の母性依存とは対照をなす。豊太郎から見れば、エリスはこの時点で、母親の手元を離れ確実に自立した女性として成長したのであった（注④）。それは豊太郎が望んでいた、そして叶わなかった、自身の母親からの離脱（「自由・独立」）であったのだ。自立したエリスにもはや母性思慕の代償を望むべくもない。人の成長は、概して母性からの分離によってもたらされるが、日本人の場合はそれが難しい（注⑯）。豊太郎にとって、まさに母性から分離をする最大のチャンスではあった。しかし、豊太郎はエリスと違って母性から旅立つのではなく、むしろ、エリスの母性性に失望し、母性依存の対象を見失ってしまったのである。それは当時の独逸と日本の育児環境の違いだけではない。エリスが豊太郎と出会う直前まで父が存命し、エリスが自立して生きるための指針となる、「切断」機能としての「父性原理（男性性）」を体得していた（エリスが「賤しき限りなる業に堕ち」てしまうことを逃れしたのも、おとなしき性質と「剛気ある父」の守護とに依っていた）のに対して、豊太郎は早くに父を亡くし、「父性」のモデルをすでに欠いていたことが大きな要因であったろう。それほどに豊太郎の母性依存は、豊太郎自身の表層意識とは裏腹に深刻なものであったのだ。「弱き心」とは、つまり豊太郎の自身の母性依存による弱性であったのである。かつてエリスに向けられた「憐憫の情」は今は自身の「弱き心」の「ふびん」さに向けられねばならなかった。エリスへの愛が、「してもらうことによる愛」であったように、実は相澤に対しても窮状を救ってくれた「恩人」としての関わりであった。「免官の理由」を知りながらも「語学」という一点を認めて帰東を勧めてくれた天方伯に対してもしかりといえよう。実は、「語学」そのものが、母によって「活きたる辞書」として認められるとするところのものでもあった。いずれも人間関係においては、豊太郎は受け身の姿勢である。その姿勢の本性こそが「母性依存」であった。「自己断罪の意識」に向き合い始めた時には、自身もすでに「心は生まれながらにやありけん、また早く父を失ひて母の手に育てられしによりてや生じけん」と言い、「これぞなかなかに我が本性なりける」と述懐している自己であったのだ。その手記の言葉が再び手記の最後になって脳裏を駆け巡ったであろう。

独逸滞在中の豊太郎にとって、「エリスへの愛」は深層では母性に裏打ちされつつも、表層では「真の愛」と意識されていたろう。しかし、結果としてエリスを独逸に残してしまったことは、相沢の言う「慣習」でしかなかったということになってしまう(注⑰)。立身出世を旨とする相沢の思想は、豊太郎にとっても母への報恩にはなる。「またなく慕ふ」母性を中心に据えた同心円の外側にある「世間体」乃至は国家への「名誉」は豊太郎の長らく生きてきた場所（これを「世間(注⑱)」とも「甘え(注⑲)」とも「永遠の少年(注⑳)」とも呼ぶことができる）でもあった。ところがそれが「弱き心」とともにエリスを欺いたのもまた真実である。つまりは、自らの弱性を否定しては名誉はあり得ず、自らの母性依存を否定してはエリスとの愛も成り得なかったのである。こんな自家撞着が意識の上にあって「自己断罪」と向き合うには、「自己の喪失」しか残されてはいない。従ってたとえ「恩人」「良友」であれ、エリスに帰東の意志を告げた相澤を「憎む」（勿論その「憎む」はかなり無意識的レベルでなされたであろう）ことでしか、その場の「自己の喪失」を回避することは不可能であったろう。その実、相澤を「憎む」ことが、もっと自己を苦しめることを知る由もなく。

こうして、手記の中で五年間の過去、あるいは生い立ちから振り返ってきた豊太郎は、まさに手記の最後の言葉を書くに至り、ほぼ等身大の自身と向き合うことができたであろう。しかし、その手記の最後の言葉を書き終わった瞬間、「相澤を憎む」ことでしか、自己の存在を保つことができない心底「弱き心」の自身の姿をも見てしまったのではなかろうか。それこそが「弱くふびんなる心」であったのだ。

(注①)亀井秀雄『『舞姫』読解の留意点」(『月刊国語教育』昭和56・8)なお、「二重の時間構造」については、すでに三好行雄氏にも言及がある。『森鷗外集I』補注九(角川書店「日本近代文学大系」昭和四九年所収)

(注②)前田愛「ベルリン一八八八年――都市小説としての『舞姫』」(「文学」昭和55・9)。

(注③)小森陽一「結末からの物語」(『文体としての物語』筑摩書房 1988年所収 p186、初出「『舞姫』試論」『成城国文学論集』昭和59・6)

(注④)田中実「多層的意識構造のなかの〈劇作者〉」(『小説の力』1981年大修館書店所収)

(注⑤)松沢和宏「忘却のメモワール」(『季刊文学』8巻3号、1997年夏号)

(注⑥)山崎一潁「『舞姫論』不興なる豊太郎」(『田中実・須貝千里編『新しい作品論へ、新しい教材論へ1』右文書院 1999年所収)

(注⑦)松沢和宏氏は前掲論文で、「豊太郎や相澤が、当時の精神病理学的言説に同化しつつ、エリスを「生ける屍」として対象化して捉え、彼女の主体性を無視抹殺していることが判明してこよう」として、豊太郎帰東の解釈をしている。宮脇の論は「世間」「イエ」と繋がる豊太郎の母性依存という精神背景がそうさせているという意味で、相澤謙吉が忍月に反論した「処女を敬する心と不治の精神病に係りし女をその母に委託し存活の資を残して去る心とは何故に両立すべからざるべし(気取半之丞に与ふる書)」を理解するものである。また、田中実氏は、「もの言わぬ男のなかに擬態的対応こそ愛する男の内実だと知らされ、それが彼女を狂気へと誘った。」（前掲書）とするが、その「擬態的対応」こそ豊太郎の母性依存による弱性の表れであると宮脇は解する。

なお、当時の独逸では独逸帝国の刑法218条（1872年制定、以後1926年まで改定せず）に「中絶禁止法」として「胎児を故意に中絶、あるいは子宮内で殺した妊産婦は、五年までの重懲役刑をもって罰せられる」とあり「堕胎の罪」は重く、ただでさえ苦しい生活の上に、子まで残して離別されるということへの辛さは弱性豊太郎の思慮を遙かに越えており、手記後半にある「豊太郎ぬし、かくまで我をば欺き玉ひしか」というエリスの叫び、そして発狂も無理からぬものがある。また、それは『ファウスト』（森鴎外訳）の、牢獄で嬰児殺しの罪の苦しみに耐えかねて発狂した「グレートフェン」にも通じる。〔参考〕金子幸代『森鴎外と〈女性〉』（大東出版 1992年）、大澤武男『ファウストと嬰児殺し』（新潮選書 1999年）

（注⑧）「鏡」という言葉は、『舞姫』本文中に次の4例が見られる。

A、鏡に映る影、声に映ずる響の如く（物語冒頭）

B、「我鏡に向きて見玉へ」（豊太郎を相澤との会見に赴かせるエリスの言葉）

C、正面には鏡を立てたる前房に入りぬ（ホテルカイゼルホウフにて）

D、頼みし胸中の鏡は曇りたり（魯西亜滞在中にエリスからの手紙に対して）

右は、時間軸上に並べると、BCDAの順となり、BCでは、鏡がありながらも、豊太郎は自身の姿に眼もくれない。Dでは、視る意識はあっても鏡が曇っていて見えない。Aでは、意識もあり像も見えるが、その得体の知れない像に対する不安に戦いている。そして帰東の船上でBCDを振り返り、そこで自己を見つめ直すことになる。このことは「恥」「弱い心」に気づき再確認する意識の過程に符合する。〔参考〕「鏡像段階」（ラカン）、「鏡映的自己」（C・H・クーリー）、「I（鏡の前の自己）とme（鏡の中の自己）」（G・H・ミード）、以上については熊倉徹雄『鏡の中の自己』（海鳴社 1983年）参照。

（注⑨）亀井秀雄氏前掲論文参考「書くにつれそういう甘さは許されなくなり言わば弱くふびんなる心そのものの醜態、自己本位の鈍ましさにつき当たってしまった」

小森氏は「対自的「恨」から対他的「憎むこゝろ」への転換こそ、手記執筆過程における、書く自分と書かれる自分の内的対話を通して獲得された、新しい「自我」の殻だったといえよう。」（小森氏前掲論文）とするが、「一点の翳」に対する戦きはあるものの、冒頭の「恨」がすでに自覚的に対自的であるとは言えないのではないか。「恨」が対自的であるということは、むしろ手記執筆の途中に初めて感得されたものではなかろうか。

（注⑩）「慣習」については、左を参照のこと。

佐伯順子『「色」と「愛」の比較文化史』（岩波書店 1998年）

ヨコタ村上孝之『性のプロトコル』（新曜社 1997年）

（注⑪）この時のエリスの心情の中には、豊太郎の感じた「心の誠」ではなく、利害があったであろうことは、充分に想像できる。それはエリスの自立とも関連しているであろう。また、日本人の「誠」という原理についても、中村雄一郎氏は相良亨氏の『誠実と日本人』（ぺりかん社 1980年）を引用しながら「純粋化されやすく、他者を見失ってしまうのは、もともと、それが、自己を客体化することのない情動的な閉じられた場のなかで成立しているからであろう」と説く。よって、エリスの行為を「心の誠」と感じた豊太郎にも他者性が捨象されていると言えよう。〔参照〕中村雄一郎『日本文化における悪と罪』（新潮社 1998年）

（注⑫）「母性思慕」については、筆者はすでに「小説『舞姫』論―またなく慕ふ母性をめぐって―」（小野高校紀要14号、平成11年3月）で述べた。また、小森陽一氏も前掲論文で触れている。

なお、エリスの「清ら」と「媚態」と「母性」の混在については、鶴田欣也氏に興味ある記述がある。概括すると、文学の「向こう側」の世界には、「時間の遡行」と「母胎（ケア・テイカー〔世話する者〕としての母性）への回帰」が見られ、日本文学の場合は、その「向こう側」世界の女性には、「処女」「母」「娼婦」「菩薩」が一緒に生息しているという。その意味で『舞姫』も「向こう側の文学」ということになろうか。〔参考〕鶴田欣也「「向こう側」の文学」(『文学における「向こう側」』国文学研究資料館編、明治書院昭和60年)、林正子「〈異境〉における自己像獲得の試み」(岐阜大学国語国文学19号 1989. 2)

この現象は、心理的背景としては、母性からの離脱（自立）の際の恐れ（母性回帰との「葛藤」）と解釈して良いのではなかろうか。また、明治当時の日本の文化・社会慣習における「母性」の在り方とも関係すると思われる。次を参照されたし。

「成熟した女性は「女」抜きの母になって男性をケアし、一方「女」の部分は娼婦が補完してきたのが、日本の女性観であった。「母性」と「娼婦性」は同じものの裏表をなす。女性は「娼婦性」においてて男性から憧憬されつつ軽蔑され、「母性」である限りにおいて、かろうじて男社会の隅っこに上げ底の座を与えられていたのだった。女性を母性に縛りつけることは家父長制社会が次代の男子継承者を確保するための必要条件であった。」

〔参照〕栗原葉子「歌の中の母親像」女子教育（57号、1993年）『日本のフェミニズム⑦「表現とメディア」』(岩波書店1995年）所収

(注⑬)前掲の筆者拙論では、豊太郎の母の手紙の内容について、「励まし」であると結論付けたが、要は行為を受け取る側の豊太郎にとって、母

子一体感が強かったことが問題なのである。

亀井秀雄氏は、「母の死という悲しい出来事は、物語的展開の深層構造の面からみるならば、母からの解放であって、そのことによって漸くエリスとの性的な関係が可能となったわけである」(前掲論文)とするが、それはむしろ、豊太郎の表層の意識であって、深層は逆に母性に絡め取られていたのである。

(注⑭)「エリスユダヤ人説」及び一九世紀末の独逸での人種差別については次を参照のこと。
荻原雄一『舞姫』再考』『解釈と鑑賞』(1989.9)所収
川副国基「「黄なる面」の豊太郎」(『現代作家・作品論』河出書房新社昭和49年)
大澤武男『ユダヤ人とドイツ』(講談社新書1991年)村山雅人『反ユダヤ主義』(講談社選書メチエ1995年)
ハインツ・ゴルヴィツアー『黄禍論』(瀬野文教訳、草思社1999年、原作1962年)
植田敏郎『森鴎外の『独逸日記』』(大日本図書1993年)
森鴎外『黄禍論梗概』(明治36年早稲田大学課外講義)

(注⑮)山崎國紀氏は、エリスの「不特定多数への身売り」を否定するが、シャウムベルヒに限定しての「身売り」と解釈すべきであろう。〔参考〕山崎國紀『森鴎外――基層的論究』(八木書店平成1年)、前掲拙論。

なお、留学生の豊太郎をエリスの母が迎え入れたのには、当時ドイツにあった「教養市民こそ立身出世の保障される身分である」という意識が手伝っているとも考えられる。〔参考〕野田宣雄『ドイツ教養市民層の歴史』(講談社学術文庫1997年)

(注⑯)●「母性」と「父性」について参照にした文献●
河合隼雄『母性社会日本の病理』(講談社+α文庫1997年)
河合隼雄『魂にメスはいらない』(講談社+α文庫1993年)

河合隼雄『全対話Ⅲ「父性原理と母性原理」』（第三文明社 1989 年）

E・ノイマン『意識の起源史』（林道義訳、紀伊国屋書店 1984 年）

林道義『父性の復権』（中公新書 1996 年）

林道義『母性の復権』（中公新書 1999 年）

小此木敬吾『日本人の阿闍世コンプレックス』（中公文庫昭和 57 年）

小此木敬吾『父と母と子、その愛情の精神分析』（講談社＋α文庫 1996 年）

下見隆雄『孝と母性のメカニズム』（研文出版 1997 年）

中島義明他編『心理学辞典』（有斐閣 1999 年）

●ドイツと日本の母性性について参照した文献●

金子幸代『鴎外と〈女性〉』（大東出版社 1992 年）

原ひろこ・舘かおる編『母性から次世代育成へ』（新曜社 1991 年）

姫岡とし子『近代ドイツの母性主義フェミニズム』（勁草書房 1993 年）

（注⑰）「太田生は真の愛を知らず然れども猶真に愛すべき人に逢はん日には真に之を愛すべき人物なり」（「気取半之丞に与ふる書」明治２・４「しがらみ草紙」七）

（注⑱）井上忠司『「世間体」の構造』（ＮＨＫブックス昭和 52 年）阿部謹也『「世間」とは何か』（講談社新書 1995 年）

阿部謹也『「教養」とは何か』（講談社新書 1997 年）

阿部謹也『「世間」の序説』（朝日選書 1999 年）

（注⑲）土居健郎『註釈「甘え」の構造』（弘文堂平成５年）土居健郎『「甘え」雑考』（弘文堂昭和 50 年）

（注⑳）河合隼雄『母性社会日本の病理』（懇談社＋α文庫 1997 年）

※なお、本論中の「恥」「恨み」「恩」「立身出世」については左を参照した。

鱸幹八郎『恥と意地』（講談社新書 1998 年）

作田啓一『恥の文化再考』（筑摩書房 1967 年）

内沼幸雄『羞恥の構造』(紀伊国屋書店 1983 年)
山野保『「うらみ」の心理』(創元社 1989 年)
源了圓『義理と人情』(中公新書 1969 年)竹内洋『立身出世主義』(NHKライブラリー1997 年)
色川大吉「末は博士か大臣か」(『歴史への招待3』NHK昭和 55 年)

※本論での文献の引用は、紙幅の都合最小限留めた。詳しくは『舞姫』読解のための予備知識(その1)」(兵庫県立小野高校紀要 15 号平成 12 年 3 月発刊予定)を参照されたい。
※本文は『森鴎外全集』第一巻(岩波書店昭和 46 年)に依り、一部漢字の旧字体を改め、必要により読みを振った。
〔附記〕本論は、小森陽一氏の論文に触発されたところが多い。しかし、母性思慕という観点から、エリス的コードと相澤的コードがもとは同根一如のものであることを確認したいがために筆を執ったものである。

七　小説『高瀬舟』考
――人情家「同心庄兵衛」と「オオトリテエ」――

(0　はじめに)

この作品の中で、「弟殺し」の罪人でありながら「額は晴やかで目には微かなかがやきがある」という喜助の不思議に対しての庄兵衛の疑問はどう解決し、末尾の「オオトリテエ」の出現につながっていったのだろうか。これは、『高瀬舟』研究史の上で、「知足」と「ユウタナジイ」(安楽死)という二つのテエマは作品の中で分裂・並列(注①)なのか、一貫性をもって共存成立しているのか、という問題と軌を一にしている。田中実は、研究史の総括をしながら、喜助兄弟の内面構造に着目し、「毫光」の秘密に主題を置き「肉親相互の情愛のかたち、それは自分の相手のため、相手は自分のために生きているという、「個」や「独立」を知らない、言わば鴎外〈精神〉の故郷」を描いた作品と解して作品テエマの一貫性を説いた(注②)。稿者は、「オオトリテエ」の解釈に注目しながら、むしろ喜助に「毫光」を見た庄兵衛を焦点化し、改めて作品全体を眺め直してみたい。

(1　「オオトリテエ」とは)

まず、結末部分にある「オオトリテエ」をみてみよう。

庄兵衛の心の中には、いろいろに考えて見た末に、自分より上のものの判断に任す外ないという念、オオトリテエに従う外ないという念が生じた。庄兵衛はお奉行様の判断を、そのまま自分の判断にしようと思ったのである。そうは思っても、庄兵衛はまだどこやらに腑に落ちぬもの

が残っているので、なんだかお奉行様に聞いて見たくてならなかった。（傍線部は稿者　以下同じ。本文は、岩波文庫）

この「オオトリテエ」は、具体的にはすぐ後のお奉行様を指すが、ここにいきなりフランス語が出てくることこそ、この小説の「語り手」のスタンスを物語っている。ここでの「オオトリテエ」は「権威（者）」の意であって「権力（者）」ではない。因みに、「権威」はフランス語では、「autorite」、英語では「authority」。一方「権力」は、フランス語では「puissance」、英語では「power」。

日本語での「権威」と「権力」の意味合いは次のような違いがある。

「権威」…①権力と威力。下位の者を強制し服従させる威力。権勢。権柄。

②専門の知識・技術について、その方面で最高であると一般に認められていること。また、そのような人。

「権力」…①他人を強制し服従させる力。権勢・権柄。

②法律でいう他への強制力。国家や政府の権力。（小学館『日本国語大辞典』昭和49年初版）

それぞれの意味説明で①においては、確かに重なり、「権威」は「権力」と不可分な関係にはある。もちろん、フランス語においても同様のことが見受けられるようである。重要なのは、日本語の「権威」②について考えると、上位からの目線ではなく、下位からの評価が見て取れることである。すなわち、「権威」とは、上位目線の抑圧意識だけではなく、下位目線からの「不可侵」の意識もあるのである。

誤解を避けるために、バートランド・ラッセルの言葉を引用しておこう。ラッセルは、「権威」と「個人」の関係を次のように語っている。

もしその人生が耐えるべきものであるなら、自由の余地がなければならない。孤独の中で幸福である人間は少ないが、個人的行動が全くゆるされない共同体の中で幸福である人間はもっと少ないからである。

私はかつてロスアンジェルスでメキシコ人居住地区を見に連れていかれたことがある。その住人は、怠け者の放浪者たちだと説明されたが、彼らは心配事の多い勤勉な案内役の立場に陥るより、その生活を呪わしいものではなく恵まれたものとして寝て過ごすことを楽しんでいるようにも思えた。（注③）

後の引用は、死罪一等を免じて「遠島」を言い渡されつつも、「額は晴れやかで目には微かなかがやきがある」「いかにも楽しそう」な『高瀬舟』の喜助の行動に近いものがある。先に、「権威」について、下位目線からの「不可侵」の意識と言ったが、それは、「おもねり」のような在り方ばかりではなく、場合によっては、権威下にあっても、「権威に拘泥しない生き方」、すなわち「権威を権威として受け入れつつも、その権威下の範囲で自由に振舞う生き方」もある、ということを述べておきたい。

従来は、「オオトリテエ」が「権力」との関連で読まれることが多かった（注④）が、稿者は、「下位目線からの不可侵の意識」に重きを置いて読んだ。そして、そう読むことが、庄兵衛の喜助に対する思いとどう関わってくるのか。それを軸に作品全体の主題を考えてみた。

小説『高瀬舟』は、全体が四つの段からなっている（注⑤）。

第一　語り手による「高瀬舟」の空間説明

第二　語り手による時代設定と庄兵衛の目に映る喜助の様子

第三　罪人喜助の様子の不思議さに庄兵衛が呼びかけ、喜助の人生を聞き、鳥目二百文を「貯蓄」（注⑥）とすることに、「足ることを知っている」と感じ、喜助の頭に毫光を見るように思う。

第四　喜助から「弟殺し」の話が直接話法で語

られ、庄兵衛は、その罪に疑問をもち、「オオトリテエに従う外ない念が生じた」としたものの、まだ「腑に落ちぬものが残っ」た。

喜助の不思議な様子に関心を持った庄兵衛は、喜助の話を聞き、大きく二つの反応を示した。一つ目は、罪人であるにもかかわらず「足ることを知っている」という驚き、二つ目には、「弟殺し」といわれていた罪状とその罪に関する処分について疑問であった。

（2　庄兵衛と喜助との思いのズレ）

まず、庄兵衛の目に見えていた喜助の様子を振り返ってみよう。

いかにも神妙に、いかにもおとなしく、自分をば公儀の役人として敬って、何事につけても逆わぬようにしている。しかもそれが、罪人の間に往々見受けるような、温順を装って権勢に媚びる態度ではない。その額は晴やかで目には微かなかがやきがある。（中略）

いかにも楽しそうで、もし役人に対する気兼がなかったなら口笛を吹きはじめるとか、鼻歌を歌い出すとかしそうに思われた。

（中略）罪は弟を殺したのだそうだが、（中略）人の情として好い心持はせぬはずである。その人の情というものが全く欠けている程の、世にも稀な悪人であろうか。どうもそうは思われない。ひょっと気でも狂っているのではあるまいか。いやいや。それにしては何一つ辻褄の合わぬ言語や挙動がない。（傍線は稿者、以下同じ）

庄兵衛は観察の結果、「不思議だ」「喜助の態度が考えれば考えるほどわからなくなる」のであった。これが、喜助が「弟殺し」の詳細を庄兵衛に語る前の、庄兵衛の思いであった。

「お前の様子を見れば、どうも島へ往くのを苦にしてはいないようだ。一体お前はどう思っているのだい。」

「遠島」に臨む喜助の態度に不審を懐く庄兵衛の質問に喜助は応える。

なるほど島へ往くということは、外の人には悲しい事でございましょう。（中略）しかしそれは世間で楽をしていた人だからでございます。京都は結構な土地ではございますが、その結構な土地で、これまでわたくしのいたして参ったような苦みは、どこへ参ってもなかろうと存じます。お上のお慈悲で、命を助けて島へ遣って下さいます。

「島へ往くといふことは、外の人には悲しい事」という喜助の思い、「世間で楽をしていた人」ではない喜助の自覚、そこには今話している同心庄兵衛にはわからない世界がある、というメッセージがあり、したたかに「此二百文を島でする為事の本手にしよう」と現実世界に前向きである。そして二百文の鳥目によって得られる食事の保障を喜び、そして「遠島」によって得られる島での生活を「楽しんでおります。」と喜助が言うのを聞き、それを庄兵衛は自身の生活と「引き比べて」、喜助の生き方に「足ることを知っている」者と評価する。

「足ることを知っている」という観念は、言うまでもなく、老子の「知足」に源を発する。その生き方を言葉の知識の上で知る庄兵衛が、自分の生活状況と比して喜助を見てそう思ったのである。しかし、喜助の生き方の発想が老子の教えに基づくものであるか、というと、そうではない。ただ必死に生きてきた中での喜助の生き様である。

稿者は、この庄兵衛に、一般の他者理解に有りがちな、自己の眼を離れられない、「自己内視点に囚われた他者理解」の一面を感じる。庄兵衛は、喜助の目線で見ておらず、自分の立ち位置からの想像だけでものを見ている。「公儀の役人」として、いわば「権威」の側にある庄兵衛には、己れの解釈の上に、喜助に「毫光」（注⑦）を見、仏の存在のように思えてしまう。その結果、庄兵衛は喜助を「さん」付けで呼ぶ。

「はい」と答えた喜助も、「さん」と呼ばれたのを不審に思うらしくおそるおそる庄兵衛の景色を覗った。

庄兵衛の反応は、喜助には埒外のことである。確かに、喜助にとって「遠島」が苦ではないことは知れた。それどころか、身分違いの喜助をまるで仏のように感じてしまう庄兵衛。しかし「人の情として好い心持はせぬはずである。」と最初に懐いた「弟殺し」に対しての、喜助の様子への疑問は残っているはず。庄兵衛は続いて問うた。

「お前が今度島へ遣られるのは、人をあやめたからだという事だ。己に序にそのわけを話して聞せてくれぬか。」

喜助の「弟殺し」の顛末が直接話法で語られた後、

少し俯向き加減になって庄兵衛の顔を下から見上げて話していた喜助は、こういってしまって視線を膝の上に落した。

喜助の話は好く条理が立っている。殆ど条理が立ち過ぎているといっても好い位である。（中略）

これが果して弟殺しというものだろうか、人殺しというものだろうかという疑が、話を半分聞いた時から起って来て、聞いてしまっても、その疑を解くことが出来なかった。

「喜助は、こういってしまって視線を膝の上に落した。」とある。「弟殺し」の一件においては、さすがに喜助自身も、この事件を語るについては、決して晴れ晴れとはしていない。しかし、結果として、「高瀬舟」に乗っている今の時点で、全てを飲み込んで、お上の裁きを受け入れている。それどころか、感謝までしている。「世間で楽をしていた人」という言でも分かるように、喜助は、お上への批判意識は持ちながらも、裁きは裁きとして受け入れ、現実の世界を見据えて生きているのである（注⑧）。

喜助が弟の剃刀を抜いた後、すなわちすべてことが終わってしまった後に「婆あさん」が現場に登場した。弟への薬の世話を頼んでいた「婆あさん」。その「婆あさん」が「どれだけの事を見たのだかわからない。「婆あさん」の証言をお奉行がどう聴くか、その如何によっては、お奉行も喜助に死罪を与えたに違いない。しかし結果、罪一等を減じて「遠島」としたのには、喜助の証言の方が生きたのである（注⑨）。喜助は生きることを選んだのであった。生きるために半年をかけて、お奉行に申し立てをした。その結果が「条理の立っ」た喜助の説明ともなったのだ。喜助は「権威」に対する「おもねり」ではなく、限られた中で「個」としての確立（注⑩）を果し得たのだ。

一方の庄兵衛にとってはどうか。長年同心として、罪人を送り続けてきた庄兵衛には、喜助の語り口に「条理が立ってい」ても特段驚くにあたらない。なぜなら一つには、語り手が言う通り、「これは半年ほどの間、当時の事を幾度も思い浮べて見たのと、役場で問われ、町奉行所で調べられるその度毎に、注意に注意を加えて浚って見させられたのとのためであるから。二つには、遠島についての喜助の語りで、すでに喜助に「毫光」を見てしまった後の庄兵衛には、「条理が立って」いることなど眼は入る余地などなかったらである。喜助にとっては、庄兵衛との対話は「再審」の場（注⑪）でもあったろうから、「白洲」と同じように語ったただろう。当然のことながら、喜助の語りは庄兵衛にもすんなりと、耳にも入ってくる。

よって、喜助の「弟殺し」の語りで、「話を半分聞いた時から」庄兵衛の関心事は、次の段階へと移る。すなわち、喜助の罪状を「これが果して弟殺しというものだろうか、人殺しというものだろうか」と思ってしまう。喜助に「毫光」を見てしまったという前提があるからこそ、喜助が犯した「弟殺し」もまた、果たして罪と言えるのかとまでの思いに至る追い風となっているのである。これも、庄兵衛の「自己内視点に囚われた他者理解」の表れである。

庄兵衛から「お前何を思っているのか。」と聞かれた喜助は「何事をかお役人に見咎められたのではないかと気遣うらしく、居ずまいを直して庄兵衛の気色を伺った。」とある。これは、せっかく罪一等を減ぜられたのを、もしや失するではないか、との不安である。庄兵衛に「弟殺し」の真相を問われた時も、「おそるおそる庄兵衛の景色を覗った」「ひどく恐れ入った様子」の喜助にもそれは表れている。決して権威におもねったわけではない。生きるが為の反応である。「温順を装って権勢に媚びる態度ではない」と見えたのも、喜助がやっと罪一等を減ぜられたことへの安堵があったからである。喜助が無二の親愛なる弟の思いを受けて生きている結果かどうか別として、喜助は「生きる」という選択肢を勝ち得たのであり、喜びだけがあったのだ。

「世間で楽をしていた人だからでございます。京都は結構な土地ではございますが、その結構な土地で、これまでわたくしのいたして参ったような苦しみは…」と喜助は言う。これらの喜助の物言いに、権力に対しての皮肉があったことは否めない。それでも庄兵衛は、喜助に「毫光」を見るにおいて、それを一考だにしていない。

喜助には、もはや「権威」への拘りがない。一方の庄兵衛は、喜助に「毫光」を見るあまり、喜助のしたことは本当に「人殺し」なのか、と思ってしまう。自身も喜助からみれば特権階級の端くれ。しかし、我より上のお奉行には、なぜ喜助の「毫光」が見えぬのか。

お奉行にとっては、「婆あさん」の証言だけに依らずに、喜助の証言に従って、罪一等を減じたのであり、喜助の「貯蓄」の話は知る由もない。というのも、喜助の「貯蓄」の話は、喜助自身が、罪一等を減ぜられて、「高瀬舟」に乗っている今だからこそ語ったものであるからだ。よって、庄兵衛が喜助に見た「毫光」は、お奉行には見えるはずもなかった。

庄兵衛の根底にあるのは、「足ることを知っている」喜助への益々の思い込みである。死罪一刑を減じての「遠島」ではあるが、そもそも「人殺し」とも言えないのではないか、という思いが、庄兵衛をして、「お奉行様に聞いてみたく」させたのである。

（3　人情家同心「庄兵衛」）

では、同心庄兵衛の「自己内視点に囚われた他者理解」は一体どこからきているのだろうか。

> 同心を勤める人にも、種々の性質があるから、この時ただうるさいと思って、耳を掩いたく思う冷淡な同心があるかと思えば、又しみじみと人の哀を身に引き受けて、役柄ゆえ気色には見せぬながら、無言の中に私かに胸を痛める同心もあった。場合によって非常に悲惨な境遇に陥った罪人とその親類とを、特に心弱い、涙脆い同心が宰領して行くことになると、その同心は不覚の涙を禁じ得ぬのであった。
> そこで高瀬舟の護送は、町奉行所の同心仲間で、不快な職務として嫌われていた。

庄兵衛は、どちからというと「冷淡な同心」ではなく「しみじみと人の哀を身に引き受けて、役柄ゆえ気色には見せぬながら、無言の中に私かに胸を痛める同心」（注⑬）であった。喜助の「弟殺し」についても「どんな行掛りになって殺したにせよ、人の情として好い心持はせぬはず」と思うのも、このような人情家同心庄兵衛の人柄ゆえである。

喜助の「弟殺し」の供述があまりに「条理が立っ」ているのは、お奉行に半年間かけて整理させられた文言であり、お上の言いつけに従いながらも生きるが為になされたものだった。それを、人情家である同心庄兵衛には、やはり一歩退いて客観視することができなかったのである。庄兵衛の「自己内視点に囚われた他者理解」はどうやら同心庄兵衛の「人情」のなせる業であったようだ。

語り手は「条理が立ち過ぎている」と言い直している。いとも簡単に「不審」から「毫光」に変化した庄兵衛への批判である。

> 護送の役をする同心は、傍でそれを聞いて、罪

> 人を出した親戚眷属の悲惨な境遇を細かに知ることが出来た。所詮町奉行所の白洲で、表向の口供を聞いたり、役所の机の上で、口書を読んだりする役人の夢にも窺うことの出来ぬ境遇である。

「表向の口供」「口書」とは、庄兵衛が聞いた喜助の「弟殺し」の供述である。「役人の夢にも窺うことの出来ぬ境遇」とは、「貯蓄」（鳥目二百文）を喜び、「足ることを知っている」と庄兵衛が評した喜助の在り様である。庄兵衛のような下っ端役人ではないお奉行には、庄兵衛の思いは測りがたい。お奉行に喜助の「毫光」が見えないことは、庄兵衛も承知していただろう。お奉行が知らなければ知らないほどに、喜助に対する庄兵衛の人情が募るのである。庄兵衛の思いには、奉行所への批判意識も見て取れる。お裁きにも「人情」というものがあるべきだと。庄兵衛にとって喜助が輝いて見えれば見えるほどに庄兵衛の「人情」も弥増す。

喜助からみれば、どちらかというと権威者側にいる庄兵衛。その庄兵衛が、組織としての上位にいる奉行所に不審を感じているのである。

加えて言えば、「同心仲間で、不快な職務として嫌われていた」「高瀬舟の護送」の役人の中にあっても、庄兵衛は、どちらかと言えば「心弱い、涙脆い同心」に属し、「不覚の涙を禁じ得ぬ」一人でもあったろうから、一層のこと喜助に対する思いを強くしたろう。

(4 「オオトリテエ」の出現)

人情家同心庄兵衛を語り手はどうみていただろうか。

> 不思議なのは喜助の慾のないこと、足ることを知っていることである。
>
> 喜助は世間で為事を見附けるのに苦んだ。それを見附けさえすれば、骨を惜まずに働いて、ようよう口を糊することの出来るだけで満足した。そこで牢に入ってからは、今まで得難かった食が、殆ど天から授けられるように、働かずに得られるのに驚いて、生れてから知らぬ満足を覚えたのである。（中略）人はどこまで往って

踏み止まることが出来るものやら分からない。それを今目の前で踏み止まって見せてくれるのがこの喜助だと、庄兵衛は気が附いた。

この語りは、喜助の言をもとに、庄兵衛が自分の身と比して、勝手に敷衍して思っている様子を〝語り手が語っている〟のである。語り手による庄兵衛批判の兆しがすでに観えている。

喜助にとっては「半年程の間、当時の事を幾度も思い浮べて見たのと、役場で問われ、町奉行所で調べられるその度毎に、注意に注意を加えて浚って見せられた」のとで勝ち取った減刑であって、何よりも生きる道を得た上に、「牢に入ってからは、今まで得難かった食が、殆ど天から授けられるように、働かずに得られるのに驚いて、生れてから知らぬ満足を覚えた」のである。それだけなのである。何も庄兵衛が言う「踏み止って見せて」いるわけでもない。すべて権威不審に基づく人情家同心庄兵衛の自己内理解である。それを語り手は冷静に揶揄している。

喜助の「弟殺し」供述後の語り手の説明にも、同じことが言える。その語りには、二重の構造が隠されている。庄兵衛にとっては「条理が立」っていることは、先にみたように別段気に留めることはない。「毫光」を見た喜助への思いの上に、喜助の供述を聴いているのであった。語り手はどうかというと、「条理が立ち過ぎている」と言い直している通り、庄兵衛の喜助への過剰な反応に冷静な目を向けている風である。語りの構造から、語り手による庄兵衛批判が覗えるのである。

ここでもう一度「権威」に対する喜助と庄兵衛の考え方を見ておこう。喜助は、表面ではお上のお裁きに従い「いかにも神妙に、いかにもおとなしく、自分をば公儀の役人として敬って、何事につけても逆わぬようにしている。」という不可侵の姿勢を示しつつも、決して「おもねり」を示すような「温順を装って権勢に媚びる態度ではない」。だからこそ、庄兵衛には理解できないのであるが、一方の人情家でもある同心庄兵衛は、喜助に対して問いただす権威側の意識を持ち、同時に権威に対する不審を懐きつつも、結局「自分より上のものの判断に任す外ないという念」が生じてしまう、というように権威への不可侵の姿勢が覗える。

喜助は、「権威」に対して、無理に反駁もせず、従う中で自分の生き方を選択した。その意味で「権威」を克服している。一方の庄兵衛は、喜助に対して、「足ることを知っている」など知識人の観点(権威)を弄しながら喜助を評価し、生きる世界の違う喜助を権威側の発想で見て驚きつつも、持ち前の人情が作用して、それこそ「人の情として」、人情をもって裁かれるべきではないかと、喜助の罪状判断に疑問(注⑫)を持ったが、結局は「自分より上のものの判断に任す外ない」と「権威」に委ねてしまう(注⑬)。庄兵衛は良くも悪くも権威主義の中にいる。喜助は「権威」に囚われず、庄兵衛は「権威」に囚われている。

自分より上のものの判断に任す外ないという念、オオトリテエに従う外ないという念が生じた。

庄兵衛の権威に囚われた意識を指して、語り手は「オオトリテエ」と言い直した。語り手による「庄兵衛批判」(注⑭)である。しかし、そこに、語り手は、近代知識人としての学識教養をひけらかさんとばかりに、ドイツ語で表現した。それはとりもなおさず、語り手自身が知識人という「権威主義」の軛《くびき》から逃れていないことを意味する。

思えば、冒頭に「高瀬舟」に乗り同行する同心たちの様を論う中で、「人情家庄兵衛」を暗示させたのも、語り手の仕業である。喜助のことがよく理解できたようでいて、喜助の非権威主義(喜助の意識の中には無かったろうが、結果として「権威に囚われない」という意味での)を見抜けずにいた庄兵衛自身が権威主義の中にいること、それを指摘した語り手。その語り手も、今また「権威主義」の軛を逃れていない。これは、「読者さんたち、あなた方も権威主義に陥っていませんか」とのメッセージとして、我々読者に迫ってくる。こんな作品構造が稿者には見えているのである。

権威主義に陥るな、といっても、それほど易しいことではない。「高瀬舟」に喜助と同乗していた同心が「冷淡な同心」であればどうだったろうか。喜助の「弟殺しの罪人」「人をあやめた」といううわさを聴いていたとしても、「冷淡な同心」ならば「ただうるさい」と思って、取り合わず、淡々と護送の役を努めたことだろう。しかし、庄兵衛は人情家であるが故に、喜助に「毫光」を見、お奉行の下した罪状に不審を懐いたのである。人情とは、人が人として持つべき心でもある。それが権威の下では、なまじい人情など持ち合わせると、権威に囚われてしまう、という不条理が生じる。権威下にあっての個の在り様は、人情一つで、かくも難しいものとなり得ることを物語っている。

さて、庄兵衛に目を転じると、庄兵衛の最後の態度「庄兵衛はまだどこやらに腑に落ちぬものが残っているので、なんだかお奉行様に聞いて見たくてならなかった。」には、庄兵衛の「権威」に対しての「個」の芽生えを感じさせる。しかしながら、同時に「芽生えで終わっている」ところが、庄兵衛の限界でもある。そして、それを暗示するのが、作品の最後の語りである。

次第に更けて行く朧夜に、沈黙の人二人を載せた高瀬舟は、黒い水の面をすべって行った。

語り手は、庄兵衛が、お奉行に問い質す術もなく、喜助に見た「毫光」の後始末も付けられず、沈黙の中に居続けねばならなかったことを暗示する。「遠島」という刑にはありながらも、「権威」の軛から逃れ、生きる喜びに光を感じて「光が増したり減じたりする」朧月（喜助）とは対照的に、「権威」に翻弄され、懊悩煩悶する人情家同心庄兵衛の心象を「黒い水」は映し出しているのである。

かくして、この小説は、「権威」に対して「個」がどうあるべきかを、考えさせてくれるのである。こう考えると「知足」「ユウタナジイ」（安楽死）は「「権威」と「個」との在り方」を主題とするための話材でしかなく、テエマではなかったのだ。ただ、この二つ話材は人情家同心庄兵衛の中で喜助を思い遣る上では連続しており、分裂でも並列もでもなく、全体として一貫しているのである（注⑮）。

（終章　ものを見る眼）

稿者は、高校生の頃、芸術に対しての鑑識眼に自信がなかった。ピカソの絵画を見て、岡本太郎のように感動はできなかった。よって、世の中に「名作」として名高いものに触れようとしてきた。「賞を取った誰それの作品だから」「芸術史上有名な作品だから」観ておく、読んでおく、聴いておく。所謂「権威」の論評に依りかかっていたのだ。しかし、正直、触れ込みに価する感動を心底から味わったことがなかった。

大学生になって、東山魁夷の展覧会に行った。水色と緑を基調とした多くの「湖と白馬の絵」を観た後、最後の出口の手前で赤と白とを基調とした「大きな桜の絵」を観、「ふうん、こんなものなのか」ととりわけ感動もない感想のまま、会場をあとにしようとし、何気なく心残りがして振り返ったその時、先ほどの「大きな桜の絵」が、今さっき見たのとは全く違って、我が身に迫ってきた。「これが絵画というものか」と初めて感動した。

白洲正子の「「観る」というのは「何かを感じる」こと」、小林秀雄「凝視するように鑑賞する」「何かを観ると決めたら徹底的に凝視して、そのものの奥にある何かがみえてくるまで、とにかく観続ける」（注⑯）。そうやってものを観る白洲・小林こそ、「権威」に依らぬ観察者であり、そこには清冽な〈心の眼〉が要求される。そのためには、日ごろから虚心に自分の心の鏡を磨かねばならぬと思う。予備知識で曇った鏡には美しい映像は映らないらしい。人は長じて権威側に立つことがある。また権威者側にならずとも無意識に「経験」という後ろ盾を支えに、「権威」という曇りに目を眩まされる。「権威」おそるべし。

（附　言）

以上の読みは、テクスト論に従って、作家森鷗外を視野から外して述べてきたが、仮に、鷗外を視野に入れるとどうなるか。子供たちの死、それを前に慟哭を禁じ得ない鷗外。医者の指示に従ったがために奪われた子供の命。医者の権威がなんだ、公職にある自分の権威がなんだ、と振り捨てようとする鷗外の心情にも合ってはいはしないか(注⑰)。鷗外にとっては、喜助は、退官後の鷗外の理想像であり、庄兵衛は、退官前の鷗外自身ではないか。権威に翻弄された自身を批判して見せたのではないか。鷗外が権威者の立場にいただけに、権威者の何たるかも、権威に翻弄される気持ちも理解できただろう。『高瀬舟縁起』において、「二百文を財産として喜んだ」「ユウタナジイ」の二つを鷗外は「面白い」と表現している。「面白い」の意味は、話材として面白いのであって、小説のテエマとして面白いのでない。

注①「作家と作者と喜助との言説が対立さえしないままに、無秩序に雑居したままで放置されている」「作家鷗外が小説の世界を統括する作者主体を設定できなかったというのが大きな原因」(石田忠彦著「「高瀬舟」論」田中実・須貝千里編著『新しい作品論へ、新しい教材論へ1』右文書院 1992.2 55頁)

「二つの問題が別個の興味によってつなぎ合わされただけで、統一的テーマによる一貫性の乏しい作品である。」(長谷川泉著『森鴎外論考』明治書院、昭和37年397頁)

注②田中実「『高瀬舟』私考」『日本文学（日本文学協会)』28巻4号 1979.4 75～82頁

猪野謙二は『明治の作家』(岩波書店、昭和41年)のなかで逸早く次のように作品の一貫性を説いた。

「喜助」の「暗く澱んだ人間性の最底辺における真実」(513頁)「いわゆる法やモラルや医学の領域での未解決の盲点に横たわる人間存在の暗い一面に関連しているという意味で、やはりはっきりと統一的に、この一篇の主題をなしている」(516頁)

注③バートランド・ラッセル『権威と個人』原題

「AUTHORITY AND THE INDIVIDUAL」渡辺寛爾訳 2016年MyISBN)、元は、BBC・リースレクチャー(1948. 12～49. 1月放送より) 97、120頁

念のために補足すると、稿者は、人権的、身分差別的、対権力的な問題を引き出すためではなく、権威に対して不可侵ながらも、自由や個の確立という意味での「権威への向き合い方の問題」として引用する。

注④「「オオトリテエ」に従うというのは国家の権力を背景とした現行法に従うという意味である。庄兵衛が『お奉行様に聞いてみたい』というのは取りも直さず鷗外が法律家の意見を聞いて見たいのである」(滝川政太郎　前出『近代文学注釈体系　森鷗外』166頁頭注)、「〈語り手〉は、鎖国中の江戸時代の話に「オオトリテエ」などというフランス語を用いることで、(中略)こうした権力構造が近代以降にも同様の問題として存在していることをにおわせているのである。」(齋藤知也著『教室でひらかれる〈語り〉―文学教育の根拠を求めて』教育出版2009. 8 163頁)

注⑤四段の設定は、齋藤知也著前掲書152頁を参考にした。

注⑥『高瀬舟』には、作家鷗外が小説の背景を示した『高瀬舟縁起』なるものがある。『高瀬舟』には『高瀬舟縁起』にある「財産」「ユウタナジイ」の言葉はなく、それに当たるのが「貯蓄」「弟殺し」である。

注⑦長谷川泉はこれを「観念的空転」という。前掲書399頁

注⑧「喜助の語りは、法措定的な日常秩序の側から有罪とされることは拒否しているが、体の側、さらに自己意識の側からは有罪であることを受け入れているのである」竹内常一著前掲書85頁

注⑨ここから、「喜助の殺人犯説」も出てくる。例えば、柳澤浩哉著「『高瀬舟』の真相」―小説史上、最も読者を欺いた殺人犯―」(『広島大学日本語教育研究』20号　2010. 3 9～17頁)。

しかし、「喜助の殺人犯説」では、庄兵衛にも語り手にも深く言及されておらず、作品全体としての読みではないので稿者は採用しない。

注⑩田中実は、喜助に「「個」や「独立」を知らない、言わば鷗外〈精神〉の故郷」を読んだが、稿者は、喜助に「権威に拘らない個の確立」を読んだ。

注⑪竹内常一著「〈再審の場〉としての「高瀬舟」」（田中実・須貝千里編著『新しい作品論へ、新しい教材論へ1』前掲書67〜87頁）

注⑫庄兵衛の人間性について、寺田守も同様のことを指摘している。

「同心にも罪人を出した親戚眷属の境遇に心を閉ざす人や共感して心を動かす人がいたという事が分かる。庄兵衛は後者に属する同心だったのかもしれない。」（「話者の判断の表れた言葉に着目して「高瀬舟」（森鷗外）を読む」『作家／作者とは何か』日本近代分学会関西支部編、和泉書院2015年158頁）

注⑬「表面、幕府権力を頂点とする階級秩序の末端に位置してささやかな報酬を権力の庇護に託した小役人の思量の限界を呈しながら、裏面に、権威を権威として奉ることによって権威の支配をつき抜け「権威を領略する」リルケ的思惟を寓したもの。それは実は喜助の生き方を要約するものであり、この一行のあやはすこぶる微妙複雑である。」『近代文学大系12　森鷗外集Ⅱ』角川書店昭和63年441頁、尾形仂頭注。

「権威を権威として奉ることによって権威の支配をつき抜け」とは、稿者がいう喜助の「「権威」に拘泥しない」のと同じ意である。

注⑭語り手による「庄兵衛批判」は齋藤知也も指摘している。前掲書16頁

注⑮田中実は、「貯蓄」「弟殺し」の連続性を「分身としての弟を自分の手で殺す、しかも弟は自分を生き延びさせるために死のうとした。この思いが、意識下の喜助の深奥の決定的変動、この〈精神の死〉を経、なお生き残っている喜助は（中略）弟とともにある超現実の生を生きることになったのである。通常の常識的世界にある庄兵衛にとって、喜助があたかも菩薩の如く、「毫光」を放つ所以は、ここにあるはずである。」と説いた。しかし、「毫光」と見たのはあくまで

も庄兵衛である。

稿者は、喜助に「毫光」が見えたのは、人情家庄兵衛の人柄がゆえであるとし、「貯蓄」・「弟殺し」という話材の順が庄兵衛をして、二つの連続性を可能にさせていると観る。

注⑯吉井仁実著『〈問い〉から始めるアート』光文社新書 2021. 12 171・173 頁

注⑰三好行雄著「「高瀬舟」論―知足の構造」（『森鷗外・夏目漱石』三好行雄著作集第二巻　筑摩書房 1993 年所収）に次のようにある。

「この時期の鷗外が陸軍省医務局長の退任を前にして、複雑にゆれ動くものを内面にかかえていたことは確かである。」（121 頁）

なお、次の同著三好行雄の言に、稿者も賛同する。

「叙述は庄兵衛を視点人物としてつづけられてゆく。喜作の所作と心理とはまず庄兵衛によって見られたものとしてのみ世界に存在させられるのである。」（124 頁）

「毫光は庄兵衛によって相対化された喜助の頭に（そして庄兵衛の眼にだけ）見えるのであって、あえていえば、喜助のあずかり知らぬことなのである。」（127 頁）

〔参考〕

『高瀬舟』

脱稿…大正四年十二月五日

掲載…大正五年一月号『中央公論』

「森鷗外の関連年譜」

大正四年九月…『婦女通信』が鷗外の軍籍引退を伝える

同年十一月二十二日…大島次官に引退の決意を告げる

大正五年四月十三日付…正式に陸軍省医務局長を引退

八　夏目漱石の思想の現在
――「自己本位・私の個人主義・そして則天去私へ」――
（附）『こゝろ』のKのモデルについて

（0　はじめに）

夏目漱石という作家は、明治という近代的自我の目覚めた日本社会に生きて、「自己個人と他者個人との共存の矛盾」に気づき、生涯を賭けて、その解消を実生活の上で行い、かつそれを普及すべく努め、自身の作品作りにも反映させようと闘った人物であると思う。それは、本来独立独行型の性格がそうさせたものと考えている。

夏目漱石は、大正三年（1914）十一月二十五日、学習院にて講演会を行った。講演会の四年前には、いわゆる「修善寺の大患」（1900）で大吐血をし、三〇分の意識不明、瀕死の体験をしており、またその講演会の二年後（1916）に漱石は亡くなっている。まだ比較的体調の平穏であった時、何とか引き受けた講演だった。その講演会のタイトル「私の個人主義」は、後に付けられたものであった。

その講演会の中で、「私は自己本位といふ言葉を手に握つてから大変強くなりました。（中略）自白すれば私は其四字から新たに出立したのであります。さうして今の様にたゞ人の尻馬にばかり乗つて空騒ぎをしてゐるやうでは甚だ心元ない事だから、さう西洋人ぶらないでも好いといふ動かすべからざる理由を立派に彼等に投げ出してみたら、自分も嘸愉快だろう、人も嘸喜ぶだろう（中略）。自己本位といふ其時得た私の考は依然としてつゞいてゐます。（中略）其時確かに握つた自己が主で、他は賓であるという信念は、今日の私に非常に自信と安心を与へて呉れました。」と言い、「自己本位」が、イギリス留学時に掌中にしたものであり、そこに、生涯生きる上での自信を得たという。

　本稿では、イギリス留学中(明治三十四年{1901})に手中にした「自己本位」がどうして生まれ、それが、講演会「私の個人主義」（大正三年{1914}）へと受け継がれ、さらにそれが最晩年(明治五年{1916})の「則天去私」にいたったその経緯を辿り、「則天去私」がいかなるものであったのかを、考えてみたい。

【夏目金之助（漱石）略年表】

慶応三年（1867） 旧暦1月5日	夏目小兵衛直克の五男として誕生
明治元年(1868)	塩原昌之助の養子となる
明治五年(1872)	塩原家の長男となる
明治九年(1876)	塩原家在籍のまま夏目家に戻る
明治一一年(1878)	東京府第一中学校正則科乙へ入学(同級変則科に狩野亨吉)
明治一四年(1881)	中学中退、二松学舎に転校 母親千枝逝去
明治一六年(1883)	成立学舎に入学、英語を学ぶ
明治一七年(1884)	大学予備門予科入学 後に、第一高等中学校に改称 (同級理学部に、狩野亨吉)
明治二一年(1888)	夏目家に復籍、 同高等中学校本科英文科入学
明治二二年(1889)	正岡子規と出会う (狩野亨吉、哲学科編入)
明治二三年(1890)	東京帝国大学文科大学英文科入学、
明治二五年(1892)	徴兵を避けるために北海道へ籍を転出（「送籍＝漱石」） ★『哲学雑誌』にホイットマン関連の論文掲載
明治二六年(1893)	大学院進学、東京高等師範講師
明治二七年(1894)	小石川尼寺法蔵院に下宿 円覚寺参禅、釈宗演、鈴木大拙との出会い
明治二八年(1895)	松山中学校へ赴任、鏡子と婚約
明治二九年(1896)	熊本第五中学校へ赴任、 鏡子と結婚

明治三〇年(1897)	父直克逝去
明治三一年(1898)	漱石は狩野を五校の校長として招聘。狩野は、同年十一月、第一高等学校校長として帰京
明治三二年(1899)	(狩野、『自然真営道』を入手)
明治三三年(1900)	英語研究のため、英国派遣留学
明治三四年(1901)	池田菊苗の影響で、科学を学ぶ 「文学論」素案執筆開始か? ★「自己本位」に目覚める
明治三五年(1902)	九月、正岡子規氏去　英国出発
明治三六年(1903)	帰国、第一高等学校講師となる
明治三八年(1905)	『吾輩は猫である』を発表
明治三九年(1906)	『坊ちゃん』『草枕』『二百十日』 (狩野、京都帝国大学初代文科大学長着任) (漱石と狩野との往復書簡)
明治四〇年(1907)	教職を辞し、朝日新聞社入社 『野分』『文学論』
明治四一年(1908)	『坑夫』『夢十夜』 (狩野、一切の教職を辞す)
明治四三年(1910)	『門』(五月、大逆事件) 修善寺の大患 『思い出す事など』
明治四四年(1911)	文学博士号の辞退(狩野の助言) 娘ひな子の突然死
明治四五年(1912)	『彼岸過迄』 明治天皇崩御、乃木希典殉死
大正元年	『行人』
大正二年(1913)	北海道より東京に移籍
大正三年(1914)	四月『心　先生の遺書』 (後、『こゝろ』と改題) 十一月講演会「私の個人主義」
大正四年(1915)	『硝子の中』『道草』
大正五年(1916)	五月『明暗』連載開始 十一月初旬「則天去私」を語る 十一月二十二日、 胃潰瘍内出血　にて斃れる 十二月九日、胃潰瘍にて死去
昭和八年(1933)	伊豆修善寺に漱石詩碑 (碑文は狩野亨吉筆)

（1　「自己本位」への出発）

漱石は、明治十一年に、日本で最初に中学校令発布によって出来た東京府第一中学正則科に入学、同窓に幸田露伴がいた。また、同級の変則科には、後に漱石と大いに友好を交わし、漱石が尊敬もした狩《か》野亨吉《のうこうきち》がいた。明治十四年、漢文を好み二松学舎に転学。その後、明治十七年、東京大学予備門予科（後の第一高等中学校）に入学。同級に正岡子規、南方熊楠、山田美妙らがいた。漱石は英文科に籍をおいた。実は、もともと漱石は英文学が好きではなかった。文明開花の世の中、漢籍ではだめだとして、建築を学ぼうとしたが米山保三郎（同級）に「お前が建築家としてどんなにえらくなったつて、ノートルダム寺院は建てられんだらう。〝やめろ、やめろ〟」と言われ、英文学を選んだ。一方、後に頻繁に交流する狩野亨吉はあえて一番不得意な理学部数学科を選んだ。しかし、それぞれ両名、優秀な成績を得た。狩野は、大学課程を終了後再び哲学科に入り直した。狩野が、数学課程終了後、哲学を学び直したのには、「科系諸学と文系諸学の統合の上に一つの〝世界〟を見ようとした」からであった（注①）。狩野が哲学科2年に編入した時、漱石と交流するようになった。狩野は、後に漱石の作品や生き方に大きく影響することになる。であるから、以後、狩野のことも随時触れる。

さて、明治二十五年東京帝国大学英文科で学ぶ漱石に「ホイットマン」との出会いがあった。以後、「自己本位」の発見から「則天去私」に至る経過を作品に沿って詳しく概括させてくれるのが、駒尺喜美である。一旦その著作（注②）に沿いながら、稿者の考えも入れて、大きな流れを見ておこう。

漱石の「自己本位」の思想としての着想は、ロンドン留学中のことである。しかし、その元は早く、漱石がまだ学生時代の明治二十五年にあった。自ら編集委員をしていた『哲学雑誌(明治二十五年十月)』に載せた「文壇に於ける平等主義音代表者『ウオルト、ホイットマン』Walt Whitman の詩について」にあった。

漱石はホイットマン（注③）を文壇に於ける平等主義者と位置づけ、国家と個人・国籍・地域・地位の高下・貧賤・男女・長幼・性愛等、これらに差別上下なく、自由に独立の精神で詩作する姿勢に大変に心打たれている。

「彼の詩は、時間的に平等なり。空間的に平等な人間を見ること平等に山河禽獣を遇すること平等なり。」

過去や古典の習慣文化などの時間的隔たりを有り難からず、住む地域やその住人、つまり白人黒人の区別もなく、ということである。自由の国アメリカとはいえ、独立して間もない頃に、平等を実践することは、困難であった事が予想される。また、

「『ホイットマン』は『テニソン』の如く義理の精神を鼓舞し自重克己の風を養つて社会の秩序を保たんと欲する者にあらず。」

つまり漱石は、義理で拘束される思想ではなく、あくまで個の自由を優先するホイットマンに感動している。

英語を学んでいた漱石であったが、日本にはまだ十分に書籍が出回っておらず、情報もなく、おそらく、まともに批評し得たのは日本では漱石が最初（注④）であったろう。加えて、人間の欲望、情欲についても臆することなく歌い上げている点を漱石は賛美する。

この評論で、漱石が心に刻んだのは、一つには、あらゆる事物からの平等であり、それは後に漱石の思想において、既成の哲学や思想から距離をとる、即ち独立（独自）の姿勢を貫くということでもあった。また一つには、それが孤立ではなく、生きた思想の実践として、友人を理解し、友を得る、ということでもあったと思う。

「Have he elder races halted? Do they droop and end their lesson, Wearied over there beyond the seas?
We take up the task eternal and the burden and the lesson, pioneers! O pioneers!

「ホイットマン」の処世の方法概ね斯の如し。
此方法に従つて生活を送る者は「ホイットマン」

の気に入るものなり。必ずしも長幼の序を論ぜず男女の性を問はず斯く其愛に偏する所なく其情に傾く所なければ一種の人物を描出して之を崇拝する抔とは彼の夢にだにも見ざる所なり。（中略）愛には相手なかるべからず相手なきの愛は軟風徐ろに吹きて春草の応ぜざるが如し。（中略）女を恋ふて男を愛せず抔云ふるは「ホイットマン」の主義に反するものなり。」

長幼・男女の別なくすべてに愛をもって接し、特定の人物を崇拝せず、それを実生活に及ぼす思想、まさに詩と生活が一如である。

哲学者のように自分の頭の中にこもる姿勢ではなく、人間社会混じって人に交わる中で、友愛をもって友と交わることを主義とする社会実践者として把捉している。

「然らば彼れ何を以て此個々独立の人を連合し各自不羈の民を連結して衝突の憂を絶たんとするぞと問はば己れ『ホイットマン』代わつて答へん（中略）〝manly love of comrades〞あれば足れり。」

何事からも拘束されない自由、そしてその独立心は、漱石の心を大いに刺激した。このホイットマンへの感動は、年を追うごとに、漱石にとって現実的な必要性を帯びていったことだろう。

（注①）安倍能成編『狩野亭吉遺文集』（岩波書店 1966）

（注②）駒尺喜美『漱石という人』（思想の科学社 1987）『漱石　その自己本位と連帯と』（八木書店 1970）

（注③）Walt Whitman…（1819〜1992）彼の詩集〝Leaves of Grass〞『草の葉』は 1855 年の初版。女流作家ヴァージニア・ウルフをして、「こういう作品をイギリス文学は生み出したことがない」と言わしめた。

（注④）ホイットマンの紹介は、漱石より二級下の高山樗牛が雑誌に載せたのがあったが、「高山の林公がホイットマンを…」という漱石の言葉からして、満足な評論ではなかったようだ。江藤淳『漱石とその時代』参照。

（2　自己本位の宣言）

漱石は、熊本第五高等学校の教授から、一転イギリス留学を推薦される。最初は渋りつつも、友人狩野亨吉の後押しで渡航することになるが、イギリスでは、漱石の思ったような語学研修がはかどらないばかりか、だんだんと東洋人がイギリスにいることの居心地の悪さに気づき、ストレスをためていく。語学ではなく文学書を読みあさるが、解決の道はない。一年がたった頃、大学の上級生で理学者の池田菊苗と同宿し、その知識に驚き、「文学書を持つて文学を研究するのは血で血を洗ふやうなものである」として、科学・哲学・心理学を学ぶ必要性を感じはじめる。

そして、ヘーゲルは勿論、ウィリアム・ジェイムズ（心理学）などへの関心を持ち、出来るだけの原書を買い込み、日本へ持ち帰ろうとする。ジェイムズについては、帰国後も早速その著書を購入している。その成果が、帰国して東京帝国大学での講義をまとめた『文学論』の「（F＋f）説」（注⑤）であった。このあたりの経緯は『私の個人主義』に詳しい。

「私はそれから文芸に対する自己の立脚地を堅めるために、文芸とはまつたく縁のない書物を読み始めました。一口でいふと、自己本位といふ四字を漸く考へて、その自己本位を立証するために、科学的な研究やら哲学的な思索に耽りだしたのであります。（中略）私は此自己本位という言葉を自分の手に握つてから大変強くなりました。」（『私の個人主義』大正四年　1915…講演会はその前年）

「自己本位」を手に生きてゆく自信をつけた漱石であったが、ホイットマン批評より感じ取っていた「平等主義」もまた、漱石の目指すべき課題であった。もともと平民の出であった漱石は、周囲の友人が士族出自であったことからして、「平等」という概念にはことさら反応した。後に当時無名であった島崎藤村が著した『破戒』（1906）について、漱石が「明治文壇の作としてあとへ残るもの」と絶賛したのも、自然主義文学の体現というだけではなく、「隠れた身分差別の解消宣言」という題材に心を動かされたこともあっただろうか。

『破戒』を読むに大ぶ手間が取れて、四五日もかゝつてと漸と読み了へた位ですから、われ知らず引きつけられるほど面白いとふものではないが、読んで了つたあとでは何となく実のあるものを読んだ気がしました。」

（『早稲田文学』八号〔明治三十九年八月一日〕）

漱石の手に入れた「自己本位」には、漱石がそれを実践してゆく中である困難が待ち伏せた。個々の「自己本位」が平等にそれぞれに達成されると、どうしても、自己同士がぶつかり合い、自分の「自己本位」が他者の「自己本位」をも認めなければならなくなる。「個人主義」といえば、令和の現在でも、「利己主義」と同一視される。そこを気づかせてくれるのが、あの「ホイットマン」の平等主義であった。

明治二十七年、漱石は円覚寺に参禅し、そこで釈宗演師に教えを受ける（注⑥）。釈宗演は、禅を初めて海外に紹介した人物である。そこに、後に禅学の泰斗となる鈴木大拙も弟子として師事していた。釈宗演がアメリカでの世界宗教会議の場で発表する英語原稿を大拙が書き、それを漱石が添削したという間柄である。その当時、アメリカではすでに「個人主義」という言葉に、「利己」的な意味合いで解釈される風潮があったようである。

（注⑤）「F＋f」…Fは「焦点的印象又は観念」を意味し、fは「これに付着する情緒」を意味する。『文学論』（1907）には、ジェームズその他の理論が反映しているという。（小倉修三『漱石の文学理論』翰林書房 2019）

（注⑥）この時の参禅では、漱石は公案（禅問答）の一つ「父母未生以前、本来の面目」を授かるが、漱石は透過（合格）してはいない。師に見解《けんげ》（解答）をもって参じたが、「もつと、ぎろりとした所を持つて来なければ駄目だ。その位の事は、少し学問をした者なら誰でも云へる」と云われ、退散している。

「父母未生以前、本来の面目」は、白隠の『ちりちりぐさ』の中で、「この我が肚（はら）は、音もなければ臭いもないし、男で女でもなく色もない。憎でなければ俗でもない。老幼、尊卑のいずれでもない。あらゆる相（すがた）を超絶している。その肚がそのまま我が本来の面目である。」と記する。

（参考）

「余は禅といふものを知らない。昔し宗演和尚に参して父母未生以来《ママ》本来の面目はなんだと聞かれてくわんと参つたぎり本来の面目に御目に懸つた事のない門外漢である。」（「高浜虚子『鶏頭』序」1908.1）

「十年前円覚ニ上リ宗演禅師ニ謁ス。禅師余ヲシテ父母未省《ママ》以前ヲ見セシム。次日入室見解ヲ呈シテ曰ク、物ヲ離レテ心ナク心ヲ離レテ物ナシ他ニ云フベキコトアルヲ見ズト。禅師冷然トシテ曰ク、ソノ理ハ上ニ於テ云フコトナリ。理ヲ以テ推ス天下ノ学者皆カク云ヒ得ン更ニ茲ノ電光底ノ物ヲ拈出シ来レト。爾来衣食ニ西東ニ流転ス。シカク幾裘葛ヲ閲シタリト雖ドモ未ダコノ電光底ノ物ニ逢着セズ。」

「私カニ思フ。若シ理解ニアラズ情解ニアラズ無ニアラズト云ハバ、是幻象以外ノコトナリ。幻象以外ノコトハ、智ヲ用フル学問ノ上ニ於テ説クベキニアラズ。（中略）既ニ理ニ《ママ》以テ進ム可ラズ又情ヲ以テ測ル屑《いさぎよ》シトセザレバ、余ハ禅ナル者ノ内容ハ必竟余ニ知リ得ベカラズ。断念スルノ外ナシ。」

（ノート「超脱生死」）

また、漱石晩年の作品に影響していると駒尺喜美がいう西田幾多郎は、釈宗演の公案に、四苦八苦しながらも、いくつか透過しているが、円覚寺での漱石との出会いはない。ただし、漱石ロンドン在留中に西田からの依頼の書籍を購入しているようであるし、漱石は、西田の研究を大いに参考にしている。

〔参考〕（小林敏明『夏目漱石と西田幾多郎』岩波書店 2019）

※本論中の漱石による文言は、『定本漱石全集』（岩波書店 2016～2020）により、一部読みやすく直した。

（3 「自己本位」から「個人主義」へ）

ここから、しばらく駒尺喜美の作品解釈に沿って、作品ごとの「私の個人主義」の変遷を追ってみたい。

『吾輩は猫である』（1905）を始めとする前期の作品の芸術的総仕上げが『草枕』（1906）であり、「住みにくき世から、住みにくき煩ひを引き抜いて」現実化しようとしたのが『二百十日』（1906）。そして、十年前に東京から松山へ逃げ出した間違いを正し、「僕の主義僕の主張、僕の趣味から見て世の為にならんもの」（狩野亨吉への書簡明治三十九年十月二十三日）と戦うという決心をして臨んだのが『野分』。

「凡ての理想は自己の魂である。うちより出ねばならぬ。（中略）西洋の理想に圧倒せられて眼がくらむ日本人はある程度に於いて皆奴隷である。」（『野分』1907）

自己が理想をもって人格をみがき、西洋の奴隷ではなく自分の内から出てくるものを磨け、ということである。ようやく、この頃に至って、ロンドン在住のころ手中にした「自己本位」の実践に入ろうとした。

白井道也先生に、過去はお手本にならない、自分たちは新しい理想をたてるべきだ、と青年達に伝えさせた『野分』。そして大学の職を辞めて、朝日新聞社に入社、そこで最初の新聞小説『虞美人草』（1907）を著す。

『虞美人草』では、「青年よ理想をもて、人格をもて」と言っていたのが、結局は旧モラルであった「恩義」ということに戻ってしまうことに気付く。漱石は、「自分のなかにも新しい理想、価値観といったものがなかったのだと思い知」（駒尺）ることになる。

『三四郎』（1908）では、『具美人草』に見られた

「道義をもて」という意気込みを失い、代わって「迷える子《ストレイシープ》」となる。『虞美人草』は、後に漱石が絶版にしたいとまで言うほどに、後悔ある作品となってしまった。ホイットマンの平等主義に感動し、それを自己本位で実践できると思ってはいたが、いざ自己本位を実践するとなると、それを支える独自の思想がない、ということへの自戒であった、という。

『それから』（1909）は、「漱石の個人主義宣言であると同時に、個人主義が内包している矛盾を指し示すものであった」。「社会では、人々が自己を主張すればするほど、人と人との間につながりが失われてゆくだけではないか、という疑問をつよく抱いた」。「自己本位の確立は（中略）同時に、孤立化してゆく道、自我と孤立との不安への道」という「漱石の危機意識」が現れているとする。それでも、『門』（1910）までは、「孤立や不安の状況」はあっても「男女の愛は可能」とした。ところが『彼岸過迄』（1912）になると、男女関係も含めて、「孤立化」の状況に記述が及ぶ。「個、自我、自由が強くなってきた時、個々バラバラになって人間の結びつきはどうなるのか」という問題提起。この変化は、修善寺の大患（1910夏）の影響があるかも知れない。次の『行人』（1912〜13）では「主人公がいかにして高いところにいた「自己」を消そうかと悩」み、そして『こゝろ』（1914.4〜8）では、とうとう、Kと先生を死に至らしめることで、「個人主義社会が互殺の状況にあることを提示した」。「個人主義社会の自我の孤立化」ということだった。男女の関係では『行人』『こゝろ』と続いて通い合えぬ夫婦を描いている。それは『明暗』（1916）へのステップだ、という。

『三四郎』には漱石の平等主義がにじみ出ている、という。

また、次の『行人』〜『道草』（1914）では、天下国家の側からの発想では書けなかった、と駒尺はいう。

「国家的道徳といふものは個人的道徳に比べると、ずつと段の低いものの様にみえる」（『私の個人主義』）

と漱石は言って、個人主義を国家主義の上に置く。しかし、一方で、

「個人主義といふとちよつと国家主義の反対で、それを打ち壊すやうに取られますが、（中略）事実私どもは国家主義でもあり、世界主義でもあり、同時に又個人主義でもあるのです。（中略）国家が危くなれば個人の自由が狭められ、国家が秦平の時には個人の自由が膨張してくる、（中略）個人の自由を束縛し個人の活動を切り詰めても、国家のために尽す様になるのは天然自然といつていいくらいなものです。だからこの二つの主義はいつでも矛盾して、いつでも撲殺し合ふなどといふやうな厄介なものでは万々ないと私は信じているのです。（中略）だから国家の平穏な時には、徳義心の高い個人主義にやはり重きを置くほうが、私には当然の様に思はれます。」（『私の個人主義』）

最後のほうは、講演会の四年前の大逆事件の世情に合わせた表向きのリップサービスであろう。

『こゝろ』で漱石はKと先生の死をもって、「私を捨てる道をつかんだ」。つまり漱石自身のエゴを一度捨てた、ということになるか。「自分の自己本位と同じ重さで、人の自己本位もにぎった」「自己も人も同じ重さ、同じ深さ、同じ高さで生きているのだと心から納得すること、すなわち平等の場にたった」。その実践の始まりが『道草』（大正四年六月〜九月）であった。『道草』では、漱石自身の私生活をそのまま題材とした。そして「自分の眼鏡を捨てて、自分を無私にして、妻ならば妻を生きているそのままの姿を見ること」にした。「自己と他者のエゴを、同じ次元で理解しようとしてい」る。「そのためには、私を一旦無にして、他者の内的自然に従って、他者の内部法則に従って、他者の内側に立とうとする」。これがすでに「則天去私」の境地だと駒尺は言う。最後の作品となった『明暗』では三人称で、登場人物「各人のエゴとエゴの絡まり合いを、表からも裏からも手を尽くして書」きあげた（注⑦）。

以上、駒尺喜美の解釈に沿いながら、稿者の意見も添えて、漱石の作品における「自己本位」の変化を辿ってきた。

（注⑦）駒尺は、漱石の後期各作品に、西田幾多郎の哲学論『善の研究』が、大きな影響を及ぼしているように見る。（駒尺喜美『漱石　その自己本位と連帯と』（八木書店 1970）

（4　「自己本位」と「個人主義」の違い）

ここからは、関口すみ子（注⑧）の意見を参考に、もう一度稿者の考えも含めて、「自己本位」と「個人主義」の違いを、再確認しておこう。

漱石はイギリスより帰国後の明治三十八、九年（1905～6）ごろの手帳に、「己を信ずるが故に神を信ぜず」「尽大世界のうちに自己より尊きものなし」「自を尊しと思はぬものは奴隷なり」「生を享くとはわが意志の発展を意味する以外に価値なきものなり」と。もう少し後には、「昔の人は己を忘れよと云ふ。今の人は己を忘るゝなと云ふ。二六時中己れの意識を以て充満す。」と書きつけている。また、漱石の講演「模倣と独立」（1913）では、「私は人間を代表すると同時に私自身をも代表する（中略）。親鸞聖人は人間全体を代表するかも知らんが、一方では、著しき自己の代表者でもある。」と述べている。

この漱石の「自己」に対する考え方と、先に示した狩野亨吉宛の書簡に共通なものがある。

「自分の立脚地から云ふと感じのいゝ愉快の多い所へいくよりも感じのわるい、愉快の少ない所に居つてあく迄喧嘩をして見たい。（中略）僕は世の中を一大修羅場と心得てゐる。さうして其内に立つて花々しく打死をするか敵を降参させるかどつちにかして見たいと思つている。敵といふのは僕の主義僕の主張、僕の趣味から見て世の為めにならんものを云ふものである。」

（1906. 10. 23）。（傍線は稿者）

狩野宛のこの日二通書いた長い手紙の一通目である。内容は、京都行きの断りであった。過去の松山行き、熊本行きの原因をも述べている。多少誇張があるとは言え、この当時の、いわゆる他者にも視点を置いた「個人主義」ではなく、いかにも「自己本位」の漱石が浮かんで見える。

漱石の「自己本位」は、講演会「道楽と職業」(於、明石　1991.8.13)にも見られる。「職業というもの」は「人のためにするものだということに」「根本義を置かなければな」らない。「人のためにする結果が己のためになるのだから、元はどうしても他人本位である。」しかし「他人本位では成り立たない職業」がある。「それは科学者哲学者もしくは芸術家のようなもの」「道楽本位の科学者とか哲学者とかまた芸術家」「これは自己本位でなければとうてい成功しない」「自分の気の乗つた作ができなくてたゞ人に迎えられたい一心で遣る仕事には自己という精神が籠もる筈がない」「私は私を本位にしなければ作物が自分からみてものにならない」と漱石は言う。つまり、漱石自身が作家として生きてゆくということにおいて、どうしても自己本位であることが必要だ、というのである。イギリスで西洋人とのせめぎ合いの中で意識した「自己本位」は、自分の仕事としての作家業の中でも必要である、ということの宣言でもある。

一方、二日後の「現代日本の開花」(於、和歌山　1911.8.15)では、「西洋の開花(すなはち一般の開花)は内発的であつて、日本の現代の開花は外発的である。」「内発的といふのは内から自然に出て発展するといふ意味」「外発的とは外からおつかぶさつた他の力で已むを得ず一種の形式を取るのを指」す。日本は、「四五十年前に一押し押されたなり」「今迄内発的に展開してきたのが、急に自己本位の能力を失つて外から無理押しに押されて否応なしにそのいふ通りにしなければ立ち行かないといふ有様になつた」「西洋と交際をする以上、日本本位ではどうも旨くゆ」かない。「情けないかな交際をしなければいられないのが日本の現状」「強いものと交際すれば、どうしても己を棄てゝ先方の習慣に従はなければならなくなる」「一言にしていへば現代日本の開花は皮相上滑りの開花である」と、漱石はいう。

つまり、この二つの講演を要約すると、日本は幕末までは自己本位でやってきていた。それが、黒船到来のころを境に、西洋に倣うことに必死で、自己本位を忘れ他者本位となってしまった。自分は、創作という芸術の道で自己本位を貫く、という決意なのである。ここで、注目すべきは、「日本が世界の中で生きる上で大切な思想「日本本位」が、漱石自身の創作という上に置いても「自己本位」という形で重要だ」ということを意識していることである。

「自己本位」は「エゴイズム」を指す、といった説もあった（猪野謙二・越智治雄・高木文雄）（注⑨）。小説『こゝろ』の中では、「エゴイズム」として見てよいだろう。しかし、漱石の「私の個人主義」の表現からすると、「自己本位」は「自己主体」「独立独歩」といったような意味合いであったと推察される。つまり、他との相対的な関係の中での「自己」を意味しなかったのではないか（注⑩）。日本にはもともと「自己本位」があった。それが、明治の始まりとともに、西洋主体に従属する流れに押され、危機を感じた漱石は「自己本位」の復活を意識する。「独立独行」の「自己本位」が、他者との関係で実行されるとき、ともすると「エゴイズム」となってしまう。そこから他者との関係をしっかり意識して、他の「自己本位」をも尊重するという、漱石の言う「私の個人主義」へと繋がっていったのである。

こう辿ってみると、漱石の「自己本位」そのものは、もちろん他に迎合することでもなく、また、エゴイズムそのものでもない。しかし、「自己本位」が、漱石の「私の個人主義」となるまでは、もう一息のところであった。

（注⑧）関口すみ子『漱石の個人主義』（海鳴社 2017）
（注⑨）猪野謙二「『心』における自我の問題」『明治の作家』（岩波書店 1966）越智治雄「こころ」『漱石私論』（角川書店 1971）高木文雄「ゆるめを求めて―『行人』から『道草』まで―」『漱石の道程』審美社 1967）
（注⑩）小倉脩三「『こころ』論」『夏目漱石』有精堂 1989）

（5 「個人主義」の宣言）

ここで改めて、漱石の『私の個人主義』（注⑪）の概略を見ておこう。

① 「自己の個性の発展を遂げやうと思ふならば、

同時に他人の個性も尊重しなければならない。」

②「自己の所有してゐる権利を行使しやうと思ふならば、それに付随してゐる義務といふものを心得なければならない。」

③「自己が全力を示さうと願ふならば、それに伴ふ責任を重んじなければならない。」

「この三箇条に帰着する」と言い、さらに付け加えて、

A　三つのものの背後にあるべき「人格」の支配を受ける必要がある。

B　「個人主義」の実行は、時に個々がばらばらにならなくてはならず、そのために「淋しさ」を伴う。

と付け足している。

Aの「人格」とは、その人の「徳義」と思われる。つまり、「自己本位」を貫けば個々のぶつかり合いが生じる、それを回避するためには個々の人格、つまり徳義が備わっていなければ、互いの「自己本位」が発揚されない、ということが、はっきりと把握されて、「私の個人主義」の段階において、聴衆に語りかけられている。

また、Bの「淋しさ」についても次のようにある。

「他の存在を尊敬すると同時に自分の存在を尊敬するというのが私の解釈なのです（中略）解りやすくいへば、党派心がなくつて理非がある主義なのです。（中略）それだからその裏面には人に知られない淋しさも潜んでゐるのです。（中略）他人の行くべき道を妨げないのだから、ある時ある場合には人間がばらばらにならなければなりません。そこが淋しいのです。（中略）決して助力は頼めないのです。そこが個人主義の淋しさです。個人主義は人を目標として向背を決するまえに、まず理非を明らめて、去就を定めるのだから、ある場合には、たつた一人ぼつちになつて、淋しい心持がするのです。それはその筈です。槇雑木《まきざつぼう》でも束になつていれば心丈夫ですから。」

（『私の個人主義』）（傍線、稿者）

「槇雑木でも束になつていれば心丈夫」とは、旧来の日本の伝統でもある義理人情のしがらみのある「世間」というものに縛られた在り方を言ったもの

であろう。旧来日本人の在り方は、それはそれで個々が束になることで心丈夫ではあったが、新しい倫理が必要であった明治という時代に、「私の個人主義」を実践することは、同時に「個々ばらばらの淋しさ」を覚悟する必要があった。

この「淋しさ」は『こゝろ』の中でも登場している。

・「私は淋しい人間です」と先生が云つた。（上七）

・「私は淋しい人間です」と先生は其晩又此間の言葉を繰り返した。「私は淋しい人間ですが、ことによると貴方も淋しい人間ぢやないですか。私は淋しくつても年を取つてゐるから、動かずにゐられるが、若いあなたは左右は行かないのでせう。動けるだけ動きたいのでせう。動いて何かにぶつかりたいのでせう。……」

「私はちつとも淋しくはありません」

「若いうち程淋しいものはありません。そんなら何故貴方はさう度々私の宅へ来るのですか」

「あなたは私に会つても恐らくまだ淋しい気が何処かでしているでせう。私にはあなたの為にその淋しさを根元から引き抜いて上げる丈の力がないんだから。貴方は外の方を向いて今に手を広げなければならなくなります。今に私の宅の方へは足が向かなくなります」先生は斯う云つて淋しい笑ひ方をした。（上七）

・私は今より一層淋しい未来の私を我慢する代りに、淋しい今の私を我慢したいのです。自由と独立と己れとに充ちた現代に生れた我々は、その犠牲としてみんなこの淋しみを味はわなくてはならないでせう」（上一四）

・「私は仕舞にKが私のやうにたつた一人で淋しくつて仕方がなくなつた結果、急に所決したのではなからうかと疑ひ出しました。」（下五十三）

（傍線波線は、稿者）

『こゝろ』にある「自由と独立と己に充ちた時代」とは、「個人主義」の成り立ち得る時代のことであるが、それは、とりもなおさず「個、自我、自由が強くなってきた時、個々バラバラになって人間の結びつきはどうなるのか」ということに外ならない。つまり『こゝろ』の「先生」は、「個人主義」の実践に伴う、個々の分離と、それから来る一種の「淋しさ」に苦しめられているのである。その「淋しさ」のあまり、Kも先生も命を絶ったのである。恐らく、当時の日本人(現在でも多分にそうであろうが)なら、「個人主義」とは「集団主義」の反対であると感じ、「槇雑木でも束になつていれば心丈夫」な日本人の習慣からして「淋しく」感じたであろう。

ちなみに、『こゝろ』の「先生」がそうであるから、漱石も実生活で「淋しさ」に苦しんでいる、というのではない。漱石の理想の影で起こる不安を表して見せている、と言えよう。

そもそも、漱石が「個人主義」という言葉を使った最初はいつか。早い作品では、『吾輩は猫である』(1905)に見える。

「いくら個人主義が流行る世の中だつて、かう町々に我儘を尽くされては持主の迷惑は左こそと思ひやられる」(九)

右は、利己主義の意味として使われている。また、『文学論』(1907)には次のようにある。

「個人主義はある点に於て想像以外に発達するを得べし。然れども此個人主義と併行して一面に社会的意識の安固を維持する吾人が他に対する義務のみならず、又吾人の義務なり。(中略)もし個人主義の極端を想像するとき、個人と個人が意識のあらゆる点に於て合致せざる時、社会は成立せず。況んや文芸をや。」

(第五編四章　原則の応用二)

この『文学論』の内容が、すでに明治三十四年(1901)イギリス在住時にまとめられたものか、帰国直後の明治三十六年(1903)に帝国大学で語られたものか、あるいは『文学論』刊行時のものか分からないが、「個人主義」が正しく働いたときは、個々が活きるが、そうでなく「個人主義の極端」である状況下では、「個人と個人が合致」せず、社会も文芸も成立しえない、と言っている。漱石はこの『文学論』の時点で、すでに「個人主義」の危険性を把握していたのである。

（注⑪）漱石が「私の」（「ゝ」は稿者）と付け加えたのは、「自分の言う個人主義が単なる利己主義というものとは違うものだ」というメッセージでもあれば、同時に全体主義への警告としての意味合いをもっており、個人の真の自由・独立、そして平等を説いたものと思われる。

（6　「則天去私」とは何か）

「則天去私」は漱石本人が、それについて解説したものはなく、『文芸雑誌一巻四号』（大正五年十月一日）には、「文学に志す青年の座右銘」として雑誌社から依頼されたのに対して、「坐右の銘と申すほどのいゝ訓戒になるやうなものはまだ考へる事がありません。持ち合わせは無論ありません。それ故一寸書けません。」と断っている。同じ頃、『文章日記』（新潮社）のために「則天去私」を揮毫している。その本には、無署名の解説で、「天然は自然である。自然に従うて、私、即ち小主観、小技巧を去れという意」とあるという（注⑫）。ただし、それが漱石の解説であるとも分からない。

稿者は、「則天去私」は、『道草』までの作品の中では発想されてはいなかったのではないか、と考えている。

駒尺喜美の言によれば、「則天去私」の種は、すでに『道草』に見られるという。

「『道草』は、他人を鏡にすることで、特に軽蔑していた人々を鏡にすることで、自己の真の姿が見えてくるという形で展開されています。（中略）『道草』で漱石は、自己をかなぐり捨てました。（中略）上から見て軽蔑しているのでなく、自分のメガネを捨てて、距離感にも心理的にも近づいてみると、結局、自分も彼らと同じあわれな存在ではないか。かつて豚だと思っていた人々と、自分もどれほども違っていなかったのではないか。」（漱石は）健三をして厳しく裁いた上で、「ことによると己の方が不人情に出来ているのかも知れない」と、健三をして反省させています。」（駒尺喜美『漱石という人』）

健三がそのまま漱石であるとはならないが、概ね、漱石の思いの反映ではあろう。そして、「漱石はこの公平無私の態度を、「則天去私」と名付けました。」と、『道草』の段階で、「則天去私」に至ったと駒尺はしている。稿者は、漱石が「則天去私」と言ったとしたら、それはただ、個人主義の生き方の実際を手中にしただけではない、と考えている。詳しくは後述する。

松井朔子は、夏目漱石の『文学論』の実作での検討で、「著者の影を隠す」（「第4編第8章「間隔論」」の分析を『明暗』で試みている（注⑬）。しかし、作品での反映に完璧には行い切れていないという。ところがなぜか、「だいたいにそう強く「著者の自我」を感じさせるものでな」いと言っている。『明暗』の叙述法については、『文学論』の時にはなかった別の要素があるのではないか、と稿者は思う。

そもそも、『文学論』（1907）については、『私の個人主義』（1914）の中で「私の著した『文学論』はその記念といふよりむしろ失敗の亡骸です。しかも畸形児の亡骸です。」と言っており、その理論を後期の作品で検証するには、理に合わない。また、「則天去私」を発言した場では、新たな考えを大学で述べてみたい、と漱石は言っている。漱石が亡くなる数週間前の大正五年十一月初めの木曜会（週に一度漱石に弟子たちが面談できる日）でのことであった。居合わせたのは芥川龍之介・久米正雄・松岡譲の三人。弟子から悟りの境地について「先生はその態度を自分で体得されましたか」と聞かれ次のように答えている。

「ようやく自分もこの頃、一つにそういった境地に出た。「則天去私」と自分ではよんでいるのだが、（中略）普通自分が自分がという所謂小我の私を去って、もっと大きな言わば大我の命ずるままに自分をまかせるといったようなことなんだが、（中略）普通えらそうに見える一つの主張とか理想とか主義とかというのも、結局ちっぽけなもので、そうかといって、普通つまらないとみられるものでも、それはそれとしての存在が与えられる。つまり観る方からいえば、すべてが一視同仁だ。差別即無差別というようなことになるんだろうね。今度の『明暗』なんぞは、そういう態度で書いているのだが、自分は近いうちに（中略）新しい本当の文学論を大学あたりで講じて見たい。といって、昔講じた『文学論』がもともと意にみたないから、その不名誉の償いを今しようというのではない。（中略）こうした人生観、文学観を確立して、それを人につたえないのは甚だ相すまない次第だ。（中略）言って見れば天が私にそれを命じているような気がしてならない。是非まとめて君たち始め天下の有識者諸君から聴いて貰いたいと思っている。（中略）次の木曜日に（中略）「則天去私」の文学観なんぞも出た」（松岡譲『ああ漱石山房』所収「則天去私のこと」朝日新聞社 1967「宗教的問答」を改題）（傍線は、稿者）

これは、松岡がその木曜会（注⑭）当日からすでに二年を経過した時の記述であり、もちろん漱石その人の声のままではないが、松岡は二度に渡って、「則天去私」の言葉を漱石から聞いている。

しかし、明治四十年の『文学論』が「失敗の亡骸であるという漱石の思いは、『私の個人主義』の記述にあるとおりであり、その昔の『文学論』に変わって、新たな『文学論』の内容が想起されていること、そして、そしてその新たな『文学論』が、「人生観」と「文学観」とを包含していることが注目される。

先に、駒尺喜美が『道草』に「則天去私」を見ている、というのは、漱石の人生観のことであった。今また、松井朔子の調査したのは、小説の叙述法であった。この人生観と小説の叙述法がともに、漱石の手中となることはあったのだろうか。稿者は、客観小説としての叙述法が新しく想起された『文学論』の中の「文学観」の一つではないか、と考える。

『私の個人主義』の中でも述べているとおり、少なくとも大正三年の段階で、思想的には、他者を意識した個人主義は手中にあったと思われる。人生観については、確かに、『文学論』（1907）において、

「自己本位」が衝突する時、社会も文芸も成り立たないことの認識はあった。

「もし個人主義の極端を想像するとき、個人と個人が意識のあらゆる点に於て合致せざる時、社会は成立せず。況んや文芸をや。」

（第五編四章　原則の応用二）

しかし、『文学論』の段階では、他者を視野に入れた平等を旨とする「私の個人主義」までには至っていない。それが『道草』『明暗』と進んでゆくと、自他の中で生きる自分の在り方を、創作の上でも実生活の上でも実践できてきた。

一方、文学観の中でそれが叙述法のことを言うとして、『明暗』にて、それまでにない新たな叙述法が確立されたとするなら、まさに、『明暗』執筆中に、新しい『文学論』の構想と「則天去私」が想起されたのは、偶然ではないのではないか、と稿者は臆断する。では、その新しい叙述法とは、何か。

相原和邦は、『明暗』の叙述法で、相対化傾向を見ている。相原は近代文学研究の作品分析に、「表現のメカニズムの解明が有効」として、「矛盾叙法」「対比叙法」（注⑮）の二つを取り上げて分析を行っている。それぞれの例を相原論文から紹介する。

「矛盾叙法」の例

「あの細君はことによると、まだあの事件に就いて、己に何か話をする気かも知れない。其話を実は己は聞きたくないのだ。然し又非常に聞きたいのだ。」（『明暗』十三）

「対比叙法」の例

「津田は殆んど取り合わなかつた。其冷淡さは正に彼の自尊心に比例してゐた。彼は精神的にも形式的にも此妹に頭を下げたくなかつた。然し金は取りたかつた。お秀はまた金は何うでも可かつた。然し兄に頭を下げさせたかつた。」（同百）

各部線部がそれだという。

「矛盾叙法は一人物の立場に即し、対比叙法は二人以上の立場に立つ」「いずれも、多面的な観点を前提とするという共通性を持っている」とする。

「矛盾叙法」は「人間およびその属性を描く場合に限られる」「人間的次元の描出に根を下ろしている」「矛盾叙法と心理小説としての『明暗』の性格との結合が考えられよう。」「対象に対する追求を厳密にし、リアリティを増している」とする。

「対比叙法」は「中心人物のみならず、その他の人物にもひろく行き渡っている」「(『明暗』は) この点に、以前の作品に比べ格段の発展が見られ、注目される。」

「矛盾叙法は、『道草』において著しく発達し、『明暗』に継承されている。一方の対比叙法は、初期作品に皆無だというわけではないが、現われ方が顕著になるのは『彼岸過迄』以後であり、本格的に発展するのは、『道草』さらには『明暗』においてである」という。

相原の調査では、『明暗』全章で、次の通りである。

矛盾叙法　１２０例
対比叙法　３９７例

さらに相原の言を引く。


「事象の矛盾を追求する際に、矛盾叙法は、一人物の立場に立ちつつも、その見方を多元化していたのに対し、対比叙法の方は、立場そのものが、すでに多元的であった。(中略) いずれも、一元的な叙法ではなく、多元的な叙法であるという点で、また、孤立した事象をスタティックに絶対化してとらえるのではなく、他との関係の中でダイナミックに相対化してとらえているという点で、これらを総称して、相対的な表現方法もしくは相対的把握と名付けることもできるか」「総じてダイアレクティックな認識手段の獲得ともよび得るこのような成果は、言葉の真の意味での客観小説・虚構小説を構築する方法の一つを示唆している」とある。

また、十川信介は『明暗』について、こう言う。

「この物語の書き手は、登場人物の言動を全面的に肯定(または否定)することなく、かならずと言ってよいほど対照的な一つの側面を書き添えることを忘れない。(中略) これらの「重層的」表現は、作中のいたるところに相対の「網の目」を張りめぐらしている。具体的には文字どおりの光と闇であったり、昼と夜や日常と非日常であったり、登場人物にとって、明視性と不透明感、あるいは有利と不利だったりするが、それらを全体的に統括するのが明暗という言葉であることはいうまでもない。」（注⑯）

また、渡部直己によれば、島崎藤村の『破戒』は「三人称多元小説で、主人公以外の人物、たとえばヒロインの心も書かれている。」（注⑰）という。

ところが、相原の調査によれば、その「三人称多元小説」で書く藤村の『新生』で、対比叙法は前篇一三〇章中、わずか十三例のみで、『明暗』の例数とはかけ離れている。「本格的な対比叙法は、近代小説の中でも稀であり、特に、自然主義系・私小説系の文体には見出し難い」という。『破戒』と『新生』という作品の違いはあるが、同じ著者であってみれば、その証例にはなるだろう。

漱石は、『破戒』が発表された時、「読むに大ぶ手間が取れて、四五日もかゝつて漸と読み了へた」というから、もしかすると、同じ三人称多元小説ではあっても、漱石自身が試みていた叙法と違い、藤村の叙法に何か疑問を持ったのではないか。

以上、駒尺喜美・関口すみ子・相原和邦・松井朔子らの研究から推して、「自己本位」から「則天去私」への流れを稿者は次のように考える。

若き漱石は、ホイットマンの詩に触発されて、自由・平等の思想に感銘する。イギリス留学中に、「自己本位」を手中にした漱石は、科学・哲学を取り入れることを学び、帰国後、独自の『文学論』を打ち立てる。そこには、自他の「自己本位」が衝突すれば、社会も文芸も成立しないという、後の「私の個人主義」に至る萌芽があった。漱石は『文学論』に沿って創作を開始するが、自己の「自己本位」と他者の「自己本位」との対立の矛盾解消に腐心し、『こゝろ』創作のころには「自己本位」はエゴイズムとなって、その実践には個々の「淋しさ」を伴うことを確信した。であるからこそ、その覚悟をもって、自他の平等を意識した個人主義の実践が求められ、「私の個人主義」という思想に至った。ただし、漱石本人は、その自覚のもとに、生活実践としては、弟子たちが出入りする「木曜会」において弟子たちの出入りを快く迎え、仕事の世話もしている。漱石本人は弟子（注⑱）というより仲間という意識で対応し、弟子たちの作品を認めたり、自然主義の台頭である藤村の『破戒』を認めたりして、イギリスから帰国した当初の「まず己ありき」の「自己本位」だけの思想とは大きく違ってきていた。さらに、女性の存在に対して、嘗ては技巧者として、観察的であったのが、妻の鏡子に対しても、実作の上でも、女性を男性と対等なものとして個の存在を認め始めた（『明暗』のお延）。

その一方では「矛盾叙法」「対比叙法」などの相対叙法を駆使した『明暗』に至って、客観小説としての叙法を獲得した。

こうしてホイットマンから学んだ、全ての人間に平等公平な思想と、その叙法の両方を確立した実感、それが「則天去私」ということではなかったか。こう考えることで、「則天去私」が晩年『明暗』執筆中に突然発話されたことの合理的解釈ができるのではないか。

漱石は、個人主義について「個人主義の事を自覚といつても、無論悟りといふのとは違ひませう」（『早稲田文学』八号〔明治三十九年八月一日〕）と言っている。宗教に関しては、自分の参考にはしても直接それに依拠する事を嫌う漱石であれば、「則天去私」は「悟り」ということの文字化ではなかっただろう。

今後の課題としては、『道草』『明暗』などの作品が、それ以前の作品と叙述法において、相原和邦の言う「矛盾叙法」「対立叙法」などが他にはないかを研究すること。それが解明出来れば、漱石が大正五年に言った『新しい文学論』の内容に接近できるのではないか。『明暗』の本文、晩年の日記・書簡・読書書籍等から少しでも割り出せるかもしれない。

ここまできて、まだ気になるのは、なぜ「則天」なのか、なぜ「去私」なのか、ということなのである。

「則天去私」発話のあった木曜会の席上で、他の弟子たちがとった記録が他にもある。先の松岡譲のもそうであるが、久米正雄「禅定　三昧の境地」。小宮豊隆「死を目ざして進むということは、自然に随順して生き、天に則って生きるということである」もそれである（傍線、稿者）。江藤淳は『則天去私』の如きは伝説に過ぎない」という（注⑲）。確かに、弟子たちのノートや記録をそのまま鵜呑みにするのは危険である。ただ、これらの多くに「自然」という言葉が入っていることは注目できる。「則天去私」と揮毫した『文章日記』（新潮社　大正六年）の本に、無署名で「天然は自然である。自然に従うて、私、即ち小主観、小技巧を去れという意」とあることも紹介した。

「修善寺の大患」（1900）の頃、漱石は相次いで、長与胃腸病院長の長与弥吉、大塚楠緒、などの知人交友者を失って我が身も危うい経験をした。そして次のような言葉を残している。

「人間の生死も人間を本意とするわれわれからいへば大事件に相違ないが、しばらく立場を変へて、自然になりすました気分で観察したら、ただ至当のなりゆきで、そこに喜びそこに悲しむ理屈も豪も存在していないだらう。」（『思い出す事など』1910）　（傍線、稿者）

『明暗』執筆時の途中から、漱石は午前に『明暗』の原稿を書き、午後は漢詩を創作した。その漢詩は日を追うごとに、死に迫った漱石を映し出しているという（注⑳）。

思えば、漱石が「自己本位・個人主義」に目覚め、邁進してゆく過程で、ホイットマンに感銘し、ホイットマンの思想に近似した安藤昌益の「自然《じねん》」に生活そのものを捧げた友人狩野亨吉の存在があった。狩野は、安藤昌益を評して次のように述べている。

「何も彼も棄て去つた安藤に、ただ一つ、どうしても棄てられないものが残つた。曰く自然。自然は最後の事実である。（中略）一切の思慮分別を離れてそのままに存在する。その一切を許容し包容せしめて更に是非曲直美醜善悪を問はない所に実に測るべからざる偉大さがしのばれる。（中略）彼は確かに自然の妙用を知つたと思うたのである。然らばそは何ものである。曰く互性活真。互性活真を平易に云へば一切の事物は相対にして成立すると云う事である。此四字に由て現はさるる宇宙の真理は、今迄誰も気付かなかつたと安藤は主張する。（傍線は、稿者）

（狩野亨吉「安藤昌益」『世界思潮三』1928. 5）

「自然の妙用」。それは「互性活真」すなわち、「一切の事物は相対にして成立する」と。これは、漱石が言う「私の個人主義」でもあれば、漱石が『明暗』で実践した「相対的把握」（相原和邦）ではないか。漱石が『明暗』執筆時にこの狩野亨吉の解釈する安藤昌益の「自然」を知り得たかどうかはわからない。しかし、実に、漱石の「則天」を説明しないだろうか。

漱石の使う「自然」には、次のようなものがある。

・「今日始めて自然の昔に帰るんだ」と胸の中で云つた斯う云ひ得た時、彼は年頃にない安慰を総身に覚えた。（中略）雲の様な自由と、水の如き自然とがあった。さうして凡てが幸《ブリス》であつた。」

（『それから』（十四の七）

・「斯ういう不愉快な場面の後には大抵仲裁者としての自然が二人の間に這入って来た。二人は何時となく普通夫婦の利くやうな口を利き出した。／けれども或時の自然は全くの傍観者に過ぎなかつた。夫婦は何処迄行つても背中合せの儘で暮した。（『道草』五十五）　（傍線、稿者）

これらの例は、柄谷行人が言う「深いところで主人公の生をおびやかす「暗い不可思議な力」こそ、漱石が逢着した「自然」にほかならない」ということになるだろう（注㉑）。そもそもこの「自然」の概念は、ルソーの「自然状態 state of nature」に発しており、物に対する自然ではなく、「文明化された自己にまとわりついている制度や習慣をすべて剥ぎ取った状態」を言い、「このゼロ座標（本性・本然）を基点に人間の自由／不自由を測定しよう」としたものだという。「その特徴は、「自然」が動作主体として自己に作用を及ぼす点に求められる」として、『門』『彼岸過迄』『心』へいくに従って顕著となり、『道草』に至ってテクストの中心的な主題の一つになる、という(注㉒)。

柄谷行人は、漱石が『明暗』を書き出す少し前に書いた『点頭録』(大正五年元旦)の記事を紹介して次のように言う。

「「一生は終に夢よりも不確実なものに」思われると書いている。と同時に、次のようにも書く。」

「驚くべき事は、これ同時に、現在の我が天地を蔽い尽くして儼存してゐるといふ確実な事実である。一挙手一投足の末に至る迄此「我」が認識しつゝ絶えず過去へ繰越してゐるといふ動かしがたい真境である。」(中略)「生活に対する此二つの見方が、同時にしかも矛盾なしに両存して、普通にいふ所の論理を超越してゐる異様な現象に就いて自分は今何も説明する積はない。(中略)自分は此一体二様の見解を抱いて、わが全生活を、大正五年の潮流に任せる覚悟をした迄である。」(『点頭録』(1916)

「私はこれを悟りを開いた人間のいうことばとして読む気になれない。あまりに痛々しい「覚悟」が感じられるからある。」(柄谷)という。

この「一体二様」という作用を起こすのが漱石の言う「自然」であったのではないか。そこに柄谷行人は、「悟りの境地」を見出していない。また、楽観主義も見いだしていない。こうした心理的心境を表したのが「則天」(天｛自然｝にまかせるまま)ではなかったか。またそこに自己の意思の入る余地はなく、それが「去私」(小我を棄てる)ではなかっただろうか。

「私の個人主義」と公言できるまでに「自己本位」と「平等」を実生活で実践できる自信と、それを創作という自分の文芸の仕事においても再現できる技術獲得の自信、その両方に到達し得たという達成感・安堵感の中にも、それでも「自然」ということの悪戯で、どう変化するかも知れない、それに抗うことも出来ないかもしれない、出来なくてもそれはそうなっていくしかない、という「覚悟」を得た、その心境を文字化したのが「則天去私」ということなのではなかっただろうか。

（注⑫）江藤淳編『朝日小事典　夏目漱石』（朝日新聞社）

（注⑬）松井朔子「『明暗』の視点をめぐって」（第８回国際日本文学研究集会発表（1984.11））

松井は、『文学論』（1907）第４編第８章「間隔論」の記述をもとに、読者に「幻惑を生じさせる」ための一番の早道は、原則として、読者と作中人物との間の距離を縮めること。その「空間短縮法」の重要な位置方法に「著者の影を隠す」がある。漱石は「著者の影を隠す」には二つの方法があるとして、第一に「著者と読者が一体となること」第二に「演劇的ともいう方法」（ドラマティック・アイロニー）があるとするのを、松井は『明暗』の中で調査した。その結果、『明暗』も大体から見て近代的な客観小説です。しかし「著者の影」が全く隠されているかといえば、そうではありません。勿論現在の小説研究では、如何なる客観小説においても、著者の影が全く見られない、あるいは著者の声が全く聞こえないということは、有り得ないというふうに言われております。」として、『明暗』には『文学論』でいう「著者の影を隠す」が徹底されていないが、「大体にそう強く「著者の自我」を感じさせるものではありません。」と結んでいる。

（注⑭）「木曜会」は、漱石の家に毎日のように多くの弟子や訪問客がある中で、明治三十九年（1906）十月頃より、鈴木三重吉が今後面会日を、毎週木曜日午後三時以降とすると定めたのが起こり。それ以降その時間には、誰でも自由に来てよい、として多くの人物が訪れるようになった。その中でも、小宮豊隆や森田草平・鈴木三重吉などは、「ともすれば先生は頭が古いとか、時代おくれだとか云つて喰つてかゝつたが、漱石は別に勢ひ込んで反駁するでもなく、云ひたいまゝに云わせて置くといふ態度であつた。（中略）漱石を核とするこの若い連中の集まりは、フランスでいふサロンのやうなものになっていた。木曜日の晩には、そこへ行きさへすれば、楽しい知的饗宴にあづかることが出来たのである。」（和辻哲郎著「漱石の人物」『漱石全集別巻』所収 p364 岩波書店 1996年）。芥川龍之介も小宮の狼藉に小宮本人へ詰問しているが、小宮は「あれを（先生が）享楽しているんだから、君達もどん／＼やりた給へ」と返している（芥川龍之介著「漱石先生の話」同『漱石全集別巻』p335）

（注⑮）相原和邦『漱石文学』（塙書房 1980）「矛盾叙法」「対比叙法」は相原の造語である。

（注⑯）十川信介「地名のない街」『季刊文学第４巻３号』（1993. 7）

（注⑰）渡部直己『書くために学ぶ』「文学史は形式や技術のアーカイブ」
https://www.koubo.co.jp/tokushu/201304_1.pdf#search
因みに、漱石の三人称小説は『野分』もそうであるが、叙法としては、三人称多元小説というまでには至っていない。

（注⑱）阿部次郎によると、「厳密に言えば漱石は弟子は一人もいない。所謂弟子というのは毎週木曜日に定期的に漱石の門をたたいた者のこと」という。

（注⑲）江藤淳『夏目漱石』（新潮社 1974）

（注⑳）森和朗『漱石の黙示録』（鳥影社 2014）

（注㉑）永井聖剛「自然」『漱石辞典』（翰林書房 2017）柄谷行人「意識と自然」『漱石論集成』（第三文明社 1992）

（注㉒）亀井雅司「漱石の「自然」」『光華日本文学』（2004. 10）

（7 「個人主義」と現代）

夏目漱石が参禅した臨済宗。その臨済宗の開祖である臨済玄義禅師（生年未詳～866）の言葉に次のようなものがある。

随所作主、立処皆真
（随所に主と作〔な〕らば、立つ処、皆真なり。）
【その時その時に臨んで、周囲に振り回されず自分に主体性があれば、自分の立つ処は皆真実の世界である。】

「主と作（な）る」ということは、自分だけが主人公で周囲は添え物、という意味ではない。自分自身も、また自分を取り囲む他者もそれぞれ己が主人公。その主人公同士がそれぞれに自分の立場在り様を捉まえて、他者を尊重し、それぞれが主体的に生きたなら、自己も他者もみなそのままが真実の世界となる、という意味である。

また、釈迦誕生の時の有名な一句「天上天下唯我独尊」も同じである。「天上天下この世の中に、我はひたすら尊い。」の意である。今に言う自分だけが偉いというような「不遜」なる発言ではない。自分が尊いのと同じく人も尊い。「人が尊い」ということが理解しにくければ、尊いと思う自分の身に引きつけて考え、それを他者にも及ぼしてみなさい、という発想法である。瀬戸内寂聴がこのことに考え及んだ、ということを新聞誌上に記していた。

「「天にも地にも自分の命はただ一つで尊い」と解釈した。他の人の命も、ただ一つである。従って「その命を殺してはならない、殺させてはならない」と言うのが仏教の根本思想であると信じている。」（瀬戸内寂聴「残された日々34「花祭り」」『朝日新聞』2018.4.12）

個々が自分を中心におき自己を尊重し個の独立を果たしながら、そこから他者に考えを及ぼして、他者への尊厳を保つ、ということができれば、夏目漱石の言った「私の個人主義」も今に生き続けることになろう。自戒を込めて、ここに述べおく。

念のため言っておくが、漱石の「則天去私」や「私の個人主義」が「随所作主、立処皆真」「天上天下唯我独尊」という言葉に感化されたとか、依拠しているということではない。どの道を歩んでも、人として人間社会で生きるということの中では、時代も地域も変わらず、普遍的なものである、という観点で、稿者は述べている。

現代キリスト教布教の歴史的流れと「自己」との関係を、原敬子（上智大学准教授）は次のようにまとめている。

「キリスト教が広く西洋全体の宗教的土台を形成する歴史において「自己」に関する問いは「人格（persona）」の問いとして、イエス・キリストのペルソナの問題と共に教義的議論が発展した。そして、ルネサンス・ヒューマニズムの時代を経て、宗教の制度的権威の衰退とともに、キリスト教は西洋文化の中に土着化し、西洋文化全体の無意識的次元へと組成される近代へと向かう。さらに、十九世紀後半以降、社会科学の潮流とともに、近代の自己は再解釈される。プラグマティズムの教育思想の根底を支えた当時の神学者らは、制度としての宗教と人間社会との隔絶の中にあって、キリスト教と世界の対立、あるいはその矛盾解決のため「主観的態度」という認識の次元を再評価した。」（原敬子「「わたし」抜きの神学？」

（『季刊 Ministry』2019.6）（傍線は、稿者）

ここに示された「プラグマティズム（pragmatism）」とは、漱石がイギリス留学時代に注目した心理学者ウイリアム・ジェームズ（William James　1842–1910）が1907年に発表したもの。彼は「思想の意味を理解するためにはその思想がもたらす行動こそが全て」と考えた。このプラグマティズムは、漱石が個人主義を実生活の上でも創作の上でも実践したことに外ならない。「主観的態度」という認識が再評価されるというのも、現代の「随所作主」評価に通じるとものと、感じる。同じく原敬子は同誌に歌手中島みゆきの「二隻の舟」（作詞、中島みゆき）を紹介している。

（前略）

時よ　最後に残してくれるなら
淋しさの分だけ　愚かさをください
おまえとわたしは　たとえば二隻の舟

暗い海を渡ってゆく　ひとつひとつの舟
互いの姿は波に隔てられても、
同じ歌を歌いながらゆく　二隻の舟
（中略）
敢えなくわたしが　波に砕ける日には
どこかでおまえの舟が　かすかにきしむだろう
（後略）（傍線、稿者）

人は孤独であることを思い知り、その上で人と人とが支え合って生きていることが唱われる。

学習院の院長を務めた、漱石の弟子の一人ともいえる安倍能成の揮毫になる額がある。それは学習院の寮に残されていた。その額には「和而不同」（和して同ぜず〈論語〉）とあった。この言葉を、漱石自身が人生訓として言うとすれば、宗教にも思想にも距離をとっていた漱石からするときっと憚っただろう。しかし、「私の個人主義」の実践から言えば、別の言葉で言うなら、まさに「和而不同」がぴたりと合う。

漱石の「私の個人主義」はしっかりと今に生き続けている。しかし、節目節目に互いが確認しなければ、ついつい「淋しさ」を味わうことだけになってしまう。そんな時代を私たちは今生きているのである。人間が生きるということは、そもそもそういうことなんだろう。

（附　『こゝろ』のKのモデルについて）

稿者は、『こゝろ』のKのモデルを新たに考えるなら、狩野亨吉を推す。他説に、石川啄木・幸徳秋水・小屋保治などが挙げられてきたが、石川啄木（一）は、頭文字Kがない。幸徳秋水は、社会主義者であり、大逆事件の主犯者である。全体主義には異を唱える漱石ではあっても、公安にKのモデルと聞かれて幸徳とは応えられない。加えて、「幸徳」は姓である。小屋保治は、漱とも因縁のあると思われる大塚楠緒（楠緒子）の夫であるが、「小屋」が姓であることが妨げとなる。小説『こゝろ』には、Kが医家の養子となって姓を変えた、とあるが、それは、Kが名前であることを意味する。

あとは、宗教者の清澤満之、作者である夏目金之助、そして今回稿者が新たに推す狩野亨吉が考えられる。また、モデルとは言えないが、『こゝろ』の一つの物語の筋を担う「金」がある（注㉓）。今回はあくまでもモデルの人物として、探ってみたい。

清澤満之（1863～1903）の思想「完全なる自由主義」は、確かに漱石の個人主義と似ている。

「世人は、自由と服従とを以て、相容れざる反対の如く想像す。（中略）余は思ふ、自由と服従とは、鳥の両翼の如く、車の両輪の如くならざる可らず。自己が自由を得たる時は、他人は服従的地位に在り、他人が自由を得たる時は、自己は服従的地位に在り。自由と服従との関係此の如し。是を以て、自己と他人とを、全く別物と考ふる者は、煩悶つねに止む時なけん。何となれば、自己が服従的地位に在る時は、常に他人の自由を羨み、富を羨み、如何にして之を得んとし、胸中常に苦しむ。」（清澤満之「自由と服従の双運」清澤満之全集第九巻『信仰坐談』（岩波書店　2003）

これを見れば、自己本位を手中にした漱石がその後、自他の個人主義の相克に悩み、その共存を考えていたことに、大きなヒントを与えるに足る思想であることは想像できる。

また、漱石の蔵書中には、清澤満之の言行を晩年の弟子安藤洲一が「先生」と呼んで回想した『清澤先生信仰坐談』（無我山房 1910）がある。そこには、満之危篤の電報に接した安藤が急行するも間に合わなかった、という場面もある。

ただ清澤満之は、旧姓を徳永といい、結婚により婿入りして姓を変えた。また、清澤はもともと在家の出身である。父徳永永則・母たき、ともに尾張藩士の出。清澤満之十歳の時（明治五年）、論語算術習字等を習い出したのは、名古屋筒井町の情妙寺（日蓮宗）にあった愛知県第五義校で、明治十一年、尾張の僧、竜華空音に勧められ得度し、東本願寺育英教校に入学する。それが、真宗との出会いであった。その後明治十五年に、東京大学予備門、東京大学文学部哲学科と進む。明治二十年には、二月に創刊された『哲学会雑誌』の編集にその六月まで携わった。

漱石との交流はこのあたりにあったろう。しかし、漱石全集には、蔵書以外にはその名は一度も出てもない。

一方の狩野亨吉の方は、漱石が何度となく他人への書簡に狩野の名を出し、狩野との間にも往復書簡があり、一度は漱石がいかにも長い書簡を送っている（明治三十九年十年月二十三日）。

また、狩野亨吉（かりのこうきち）は、姓は変わってはいないが、姓も名もKであり、まさに頭文字は一致する。Kの養子の話は、漱石自身の過去の投影と考えてよいだろう（漱石は、一歳で養子に出され、実家に復籍したのは二十一歳の時）。狩野家は古くは曹洞宗であったが、早い先祖の代にすでに真宗となっている。勿論、寺の生まれではなく在家の生まれである。漱石が『哲学雑誌』編集委員の時代からの知己であり、漱石が尊敬の念も払い、狩野家へも出入りし、漢学や哲学書について、狩野から教えを受け、漱石が熊本高等学校に勤めていた時には狩野を教授として招聘し、漱石のロンドン留学の決定時や帰国時の東京大学着任の労を狩野が取り計らい、漱石が博士号取得を拒んで文部省から相談を受けた時にも、「夏目は強ひると気にしてはいけないから強ひてはいけぬ。」（狩野亨吉『漱石と自分』）と助言している。漱石の人柄をよく周知していたのだ。

また、狩野亨吉は、漱石の崇拝したホイットマンの思想にも似た安藤昌益のこの世への最初の紹介者である。漱石氏去後、漱石の詩碑が伊豆修善寺に建ったが、その碑文の文字は狩野の揮毫である。漱石が一切の教職を辞して朝日新聞社に入社する前年（明治三十九年）、漱石は狩野宛ての長い書簡の中で次のように語っている。

「自らを潔くせんが為めに他人の事を少しも顧みなかつた。是ではいかぬ。もし是からこんな場合に臨んだなら決して退くまい。（中略）十年も前の余であるならば（中略）京都で呼べばとるものも取り合へず飛んで行つたらう。君が居れば猶恋しく思つて飛んで行つたらう。僕は洋行から帰る時船中で一人心に誓つた。どんな事があらうとも十年前の事実は繰り返すまい。今迄は己れの如何に偉大なるかを試す機械がなかつた。己れを信頼した事が一度もなかつた。余は一人で行く所迄行つて、行き尽いた所で斃れるのである。(中略) 余は道義上現在の状態が維持する限りは東京を去る能はざるものである。」

(明治三十九年十月二十三日)

大学の教職を辞して、朝日新聞社への入社する際に、大阪朝日新聞社が漱石を京都に住まわせたいとの誘いを断った内容の書簡であるが、漱石にとっての一大事を親友狩野に打ち明けているのである。そして、この書簡の中に、「他人の事を少しも顧みなかつた」と反省しているのは、「私の個人主義」への最初の気付きではなかったか。なお、「十年前の事実」とは、松山・熊本への赴任のことであった。

『こゝろ』の中で、「先生」がKを尊敬していた、勉強もかなわなかった、という件りがある。

「私は心のうちで常にKを畏敬していました。」(下十九)

「Kは私より強い決心を有している男でした。勉強も私の倍ぐらいはしたでせう。その上持つて生まれた頭の質が私よりもずつとよかつたのです。(中略) 私には平生から何をしてもKに及ばなという自覚があった」(下二十四)

実際狩野は、漱石にはかなわぬほどの勉強家であり、人柄も違ったようだ。青江舜二郎の著作から見てみよう。

「亨吉の現存する書簡はすべて簡潔に用事だけをしるし、その〝心〟や感情をあらわしたものは一つもない。(中略)その感情を示さぬくせに人間としてのあたたかさがほのぼのと通って来る亨吉の人柄は、彼に接したひとはすべて例外なく語るところだ。(中略) 亨吉は、漱石グループの接近をめいわくとはしなかったが、彼らの生き方は必ずしも亨吉の好みにかなうものではなかったようだ。久野収・渡辺大濤などによれば、亨吉は英仏語に強く大学時代、教師が日本語で講義するのを英語でノートをとっていたという。このほうが簡明だという理由からであったが、晩年になってからもその寝言に英語やフランス語がまじっていたという。」(青江舜二郎

『狩野亨吉の生涯』中公文庫 1987)

数学が一番苦手にもかかわらず、あえて大学を数学科に選んだことなどは、漱石も敵わないとしたところだろう。英語フランス語に詳しかったのも、語学を教えるためではなく、物事の真理を追究するために必要だったからという。最初に紹介したように、狩野がわざわざ数学科を選んだのは、「科系諸学と文系諸学の統合の上に一つの〝世界〟を見ようとした」という狙いが有ったもので、語学を勉強するのも、物事の真理を追究する際に原書に当たることができるように、という考えがあったからである。漱石がロンドン在留中に、科学書や哲学書を研究したのには、学生時代の狩野の影響もあったであろう。

また、友人への書簡では次のように漱石が狩野を褒めたたえている。

「京都に狩野といふ友人之有候。あれは学長なれども学長や教授や博士抔よりも種類の違ふたエライ人に候。あの人に逢ふために候。わざわざ京へ参り候。」(野上一郎宛　明治四十・三・二十三)

以上、漱石にとっては大変縁深い人物である。明治四十年三月二十八日には、漱石は、わざわざ狩野に会うために、京都に赴いている(『京に着ける夕』)。あの長い書簡の五か月後であった。

その半年後の十月、狩野は退官願いを出し、全ての官職を退いてまさに隠居生活に入ってしまった。狩野の安藤昌益研究は、明治三十二年に「自然真営道」全百巻九十二冊を入手してから昭和三年の岩波講座『世界思潮第三冊』に上梓されるまで、狩野の名をもって発表されることはなかった。おそらく、その間、安藤昌益の研究に没頭したのであろう。ただ、京都帝国大学退官直後、『大思想家あり』と題して記者が某博士に聞くという体で安藤昌益を紹介している(『内外教育評論』明治四十一年一月)。当時の世相が危険思想を排斥しつつあった時代に、匿名であっても世に出すほどに、公表の意味を見出していた。狩野が紹介した安藤昌益の自然思想が、漱石の感動したホイットマンの思想に似ていることは紹介した。『こゝろ』の前作である『それから』の思想的背景には、狩野の安藤昌益思想が大きく働いている（駒尺喜美『漱石という人』）。

狩野にとっては、昌益研究は、むしろ生活実践とも言える。このような思想実践の行動は、Kの姿に近しい。

狩野の友人の言では、『吾輩は猫である』の登場人物のモデルにもなっていたという。

「猫」が出た當時、一高にゐた物理の須藤傳次郎君が「猫」の中にお前のことが書いてあると注意してくれた」（狩野亨吉『漱石と自分』）

『吾輩は猫である』の頃より登場人物にその影を落としていた狩野亨吉こそ、「K」のモデルであり、「先生」は漱石その人ではないかと考える。もちろん、人柄の良さはKとは異なる。駒尺も云うように、それぞれの登場人物がモデルそのものではなく、先生にしても、漱石自身のネガとしての投影とみてよい。つまり、「そうあっては成らぬ」という、理想とは反対の姿を描いてもいるだろう。

漱石全集には、狩野亨吉の名は書簡も含めてかなりの頻度でみられるが、清澤満之は一度も出てこない。漱石が、身近な人物を小説のモデルとして登場させているのはよく知られたところである。まして、『こゝろ』では作品中にその人物を死に至らしめているのであるから、そうも知らぬ人をモデルには出来まい。

狩野亨吉は大変な蔵書家で、漱石は学生時代から、狩野家に出入りし、書籍の案内を狩野に請うている。狩野は大学卒業後、金沢第四高等中学校教授を務めた後、漱石の招きで熊本第五高等学校に努め、その後第一高等学校（東京帝国大学）校長、京都帝国文学大学初代学長を歴任、明治四十年をもって文部省との軋轢から、一切の職を辞した。

この間に、安藤昌益の原稿を発見し、上梓に向けて研鑽した。安藤昌益の思想は、漱石が哲学雑誌に載せたあのホイットマンの思想によく似ていた。狩野亨吉による安藤昌益の紹介から引いてみよう。

「安藤はいふ。農民は自ら直に耕して食ひそして独立の生活をいとなむものだから、道理の上では一番貴ばれなければならないのに常に下にしかれて貧乏してゐる。之に反して自ら耕さずして他人の耕したものをぜいたくにも貪るが如くに食つて生活する徒食者は、独立しては立行けぬもので、実に憐むべきものである。（中略）これまでの大政治家はもとより、孔子、シャカなど〃聖人〃とあがめられて来た連中はまつたくなまけもののろくでなしといはざるを得ない。（中略）安藤は、今日の世の中で重んじられてゐる腕力、知力、金力、及びそれらの力によつて組立てられた階級、分業、政治、法律、宗教、学問、ありとあらゆる制度文物がことごとくまちがつてゐるという結論に達する。（中略）かうして何も彼も棄て去つた安藤に、ただ一つ、どうしても棄てられないものが残つた。曰く自然。自然は最後の事実である。（中略）一切の思慮分別を離れてそのままに存在する。その一切を許容し包容せしめて更に是非曲直美醜善悪を問はない所に実に測るべからざる偉大さがしのばれる。（中略）彼は確かに自然の妙用を知つたと思うたのである。然らばそは何ものである。曰く互性活真。互性活真を平易に云へば一切の事物は相対にして成立すると云う事である。此四字に由て現はさるる宇宙の真理は、今迄誰も気付かなかつたと安藤は主張する。」（狩野亨吉「安藤昌益」（『世界思潮三』1928.5）

（傍線は、稿者）

西田幾多郎は、確かに頭文字としては、合う。駒尺喜美によると、漱石の後半の作品は発表順に、幾多郎の『「善」の研究』の記述順序と符合するという。哲学者という専攻の共通点はある。ただ、西田は在家の出であり、独り身ではない。また、養子であったこともない。何より狩野亨吉と比べて、漱石と知己の間柄ではない。狩野の言う「一切の事物は相対にして成立する」とは、先に（6）章で紹介した、相原和邦の「相対叙法」に通じはしないか。

最後に、もう一つ考え得るのは、Ｋは若き日の漱石（夏目金之助）ではないか、また、Ｋも先生も青年も皆漱石の分身ではないか、と（関口ひろ子『漱石の個人主義』海鳴社 2017）。青年を漱石と考えるのは、青年が先生の「客我」（ウィリアム・ジェームズの術語）とも言えるからである。Ｋ・先生・青年の三人を漱石の分身だと考えるなら、『こゝろ』を分身小説と捉え直すことになる。いや何も、漱石の分身だと捉えなくとも、小説の登場人物三者を分身と捉えるならば、今度は作品解釈に変化が生じてくる。実は、そうも解釈できる要素は多分にあるのである。その辺りは、『兵庫國漢六十六号』に執筆予定であるので、参照願いたい。

なお、『こゝろ』を新聞紙上で読んだ兵庫県の小学六年生、松尾寛一の「先生とは誰か」という質問の手紙の返信に、漱石は「あの「心」といふ小説のなかにある先生といふ人はもう死んでしまひました。名前はありますがあなたが覚えても役に立たない人です。」（1924. 4. 24）と答えている。（注㉔）

（注㉓）松沢和宏「沈黙するK」
（『季刊文学第4巻3号』岩波書店 1993. 7）
（注㉔）宗像和重「「こゝろ」を読んだ小学生―松尾寛一宛漱石書簡をめぐって―」
（『季刊文学』岩波書店 2001. 7）

（終章）

最後に、稿者が今までのこの紙上で述べてきたことを、もう一度確認したい。それは、授業研究と教材研究である。稿者は、授業研究については、むしろ後発者であって、関心はむしろ教材研究にあった。言うまでもなく、授業研究は、どの教科でも、あらかじめ用意された教科書の内容をいかにして生徒に下すか、という点に焦点がある。最近では、アクティブラーニング、その昔では、参加型学習だの、班別学習だのであった。今では、「生徒が主体的に学ぶ」ということが主眼とされる。内容も材料、また発表のスタイルもプレゼンテーションにまで及んできており、むしろ教師が追いつくのも必死であろう。しかし、あくまで国語の授業なら、取り上げられるのは、日本語・日本文学に絡む内容である。生徒がいかに自主的に活動したとしても、その中に方向性として正しくなかったり、導くべきところがあったりするなら、指導者が指導できなくては、授業の体をなさない。そこで肝心なのが教材研究なのである。

夏目漱石研究の専門家である小森陽一には、その点において、示唆的な経験がある。高等学校の生徒であったとき、国語の授業で『こゝろ』の「下　先生と遺書」がとりあげられた。「「私」という青年が、東京に到着し、茫然自失している静と向き合いながらどのように振る舞うのかについて十七歳の私は必死に論じ、現代国語の授業で発表した、しかし、現代国語の教師には、「小森クン、ご苦労様でしたが、小説に書いていないことを心配しても仕方がないだろう」と一蹴された(すげなくはねつけられた)。(中略)その時私は二の句が継げなかった。項《うな》垂れて、自分の席に着くしかなかった。斜め前の席の、文芸部の女性徒が振り向きざまに、「小森クン、本当に文学的センスがないのね!」と言い放った言葉が頭と胸に突き刺さった。私は彼女が好きだった。私のセヴンティーンの恋は、夏目漱石の『こゝろ』によっておわらせられたのであった。夏目漱石など、二度と読むものか、(後略)」(小森陽一「十七歳の『こゝろ』体験」『13歳からの夏目漱石』かもがわ出版2017)

もちろん、その後小森は、革命的とも言える『こゝろ』の読解により、漱石研究家として出発する。

また、その昔、篠山鳳鳴義塾(現在の篠山鳳鳴高等学校)って、国語教師として教鞭を執っていた山田孝雄《よしお》が文法の授業で、「ハもガ」ともに主格助詞である、と説明の後、生徒が疑義を呈した。それに触発され、山田は、大学に戻り「ハ」と「ガ」は違うものではないかという疑問のもと、国文法の研究に心血を注ぎ、後に「山田文法」の大家となってゆく。(神島達郎著『山田孝雄』右文書院　平成三十一年刊10頁)

要するに、国語教師であるからには、日本語学・日本文学の専門家ではないにしろ、生徒に下ろす教材には、出来うる限り、事前研究を積んで臨むことが大事ではないか、ということです。そして、分からないことは、「次までに」と言って、引き下がり、準備して生徒の疑問に応えてゆくことが望ましいのではないか。日頃からの研鑽が肝要である。そのためにも、報告書義務付きの自由な研修時間が用意されんことを願う。

※本論に使用した夏目漱石の本文引用は『漱石全集』

1993

〔附説〕

『こころ』の青年「私」を和辻哲郎とする説がある（坂本浩『夏目漱石—作品の深層世界—』明治書院　昭和54年 p337-340）。和辻の「夏目先生の追憶」（和辻哲郎全集第十七巻　p85〜「偶像再興」九岩波書店 1963 年）を読むと、それも首肯できるところもあるか。

九　これからの高等学校の小説教材における試み

――「テクスト論」応用の可能性――

（0）　はじめに

令和四年度より使用される高等学校一年次での国語教科書に、大幅な改革がなされた。従来の『国語総合』（4単位）から、「現代の社会生活に必要とされる論理的な文章及び実用的な文章」を取り扱う『現代の国語』（2単位）、「古典及び近代以降の文章」を取り扱う『言語文化』（2単位）の二つに分かれる。現場では、『国語総合』で扱われていた小説が、『言語文化』の中で古典教材と一緒になるため、従来は4単位で古典と近代文学を教えていたのが2時間で済ませなければならない、という窮屈な状況になる。

令和四年度教科書採択にあたり、全国の高校現場が採択したのは、「第一学習社」のある一つの教科書が最も多かった（注①）。理由は、「第一学習社」の『現代の国語』のそれだけが『羅生門』『夢十夜』『城の崎にて』など五つの小説を扱っていたためである。「第一学習社」は、「教育現場のニーズが非常に強く、不合格を覚悟でチャレンジする価値があると判断した」と説明したという。

文部科学省は『現代の国語』はノンフィクションの「科目であり、小説が入る余地はない」と説明していたにも関わらず、「小説が盛り込まれることは本来想定されていないが、文学作品を掲載することが一切禁じられているわけではない」「今回の事態を重く受け止め、今後はより一層厳正な審査を行う」としているという（注②）。

潮流は、論理的文章の読解力を重視するがために、近代文学を教えることそのものが問われ始めている。高等学校の文学教育はどうなるのか、これまでの文学教育の蓄積はどうなるのか、議論が積み重ねられてきた。それでも、完全に国語教科書から文学が、消えたわけではない。国の国語教育施策に沿って、これからの文学教育、特に近代文学教材をどう考え、実践してゆくのか。

稿者（注③）は、これまでに、定番の文学作品を教えてゆく傍ら、自らも作品そのものをテクスト論に沿って、独自の読解を試みてきた。そこから考えるのは、生徒自身が作品をテクスト論的に考察することで、自ら独自に解釈し、発表、討議する。そのことが、指導要領にもある「主体的・対話的で深い学び」の学習姿勢につながり、同時にこれまでの「正解ありき」の教育ではなく、「思考力・判断力・表現力」の育成に直結すると考える。そのためには、大学入試に続ける課題、評価の基準、そして何より、授業の生徒発表に対して、授業者がどう反応できるか、という教育観、指導力が問われるのは言うまでもない。

注①令和3年12月8日文部科学省発表…「朝日新聞」令和3年12月9日版による。

注②「朝日新聞」令和3年9月12日版

注③文学作品を批評する際、作品の書き手、または作品中の手記・書簡の書き手である「筆者」との混同を避け、論文執筆者であることを示すために「稿者」という言葉を使っている。

（1） 小説教材の位置づけ

国語という教科はどのよう扱われ、何を教えてきたのか。この点においては、石原千秋や佐藤学らによれば、日本においては当初「道徳」を教え込む国家教育システムの一環であったという（注④）。「道徳教育」については、平成三十年三月告示の「高等学校学習指導要領」総則第1款2（2）には次のようにある。

道徳教育や体験活動、多様な表現や鑑賞の活動を通して、豊かな心や創造性の涵養を目指した教育の充実に努めること。（中略）各教科に属する科目、総合的な探究の時間及び特別活動のそれぞれの特質に応じて、適切な指導を行うこと。

つまり、現在では「道徳教育」は全ての教育場面で行われる、とする。しかし、情操教育の一端を国語が担ってきたことは継続してきた。

最近の国語指導要領の国語科全体目標の変遷を見ると、

・「平成元年高等学校国語編」
国語を的確に理解し適切に表現する能力を身に付けさせるとともに、思考力を伸ばし心情を豊かにし、言語感覚を磨き、言語文化に対する関心を深め、国語を尊重してその向上を図る態度を育てる。（第1款目標）

・「平成十一年高等学校国語編」
国語を適切に表現し的確に理解する能力を育成し、伝え合う力を高めるとともに、思考力を伸ばし心情を豊かにし、言語感覚を磨き、言語文化に対する関心を深め、国語を尊重してその向上を図る態度を育てる。（第1款目標）

・「平成三十年高等学校国語編」
言葉による見方・考え方を働かせ、言語活動を通して、国語で的確に理解し効果的に表現する資質・能力を次のとおり育成することを目指す。
（1）生涯にわたる社会生活に必要な国語について、その特質を理解し適切に使うことができるようにする。（2）生涯にわたる社会生活における他者との関わりの中で伝え合う力を高め、思考力や想像力を伸ばす。（3）言葉のもつ価値への認識を深めるとともに、言語感覚を磨き、我が国の言語文化の担い手としての自覚をもち、生涯にわたり国語を尊重してその能力の向上を図る態度を養う。（第1款目標）

「平成三十年指導要領」では、「心情を豊かにし」という文言が「国語」の全体の目標からは消えた。これは、国語教育の使命が、言語による論理的読解にシフトしたことを表わす。では、文学教材において、かつて求められた「心を豊かに」する教育は消えたのか、というとそうではない。同指導要領「第4　文学国語」の記述には次のようにある。

1目標（2）

深く共感したり豊かに想像したりする力を伸ばすとともに、創造的に考える力を養い、他者との関わりの中で伝え合う力を高め、自分の思いや考えを広げたり深めたりすることができるようにする。

2内容（1）ア

言葉には、想像や心情を豊かにする働きがあることを理解すること。

2内容（2）イ

人間、社会、自然などに対するものの見方、感じ方、考え方を豊かにする読書の意義と効用について理解を深めること。

A書くこと（2）ア

自由に発想したり評論を参考にしたりして、小説や詩歌などを創作し、批評し合う活動。

B読むこと（1）

イ語り手の視点や場面の設定の仕方、表現の特色について評価することを通して、内容を解釈すること。

ウ他の作品と比較するなどして、文体の特徴や効果について考察すること。

エ文章の構成や展開、表現の仕方を踏まえ、解釈の多様性について考察すること。

オ作品に表れているものの見方、感じ方、考え方を捉えるとともに、作品が成立した背景や他の作品などとの関係を踏まえ、作品の解釈を深めること。

カ作品の内容や解釈を踏まえ、人間、社会、自然などに対するものの見方、感じ方、考え方を深めること。

キ設定した題材に関連する複数の作品などを基に、自分のものの見方、感じ方、考え方を深めること。

右の傍線部（稿者）には、従来求められた「豊かな心情」に相当する内容がある（波線部については後述）。

要は、小説教材を扱う時間が無くなるのではなく、「言語文化」という科目の枠の中で古典教材と一緒に扱われるために、小説に充当される時間数が減った、ということである。これは、古典教材にも同じことが言える。古典教材では、古典文法・漢文法に割いていた時間が削られることになるだろう。

　このような改訂の背景には、文部科学省が、平成二十二年の学習指導要領改訂の中でも述べているように、2003年実施の「生徒の国際学習到達度調査PISA」の結果を踏まえている。具体的には、読解力において、日本人生徒の結果が前回（2000年）の世界八位から十四位に下落したことにある。しかし、石原千秋によれば、「読解力」という分野での意味づけが、日本の国語教育の中での「読解力」とはやや意味合いを異にする、ということである（注④）。もちろん、文部科学省の模索は、それだけに起因しないだろうが、結果として、現在、国は新学習指導要領を掲げて、大きな舵を切った。

　この状況下で、小説教材を扱う上において、今現場の教師にはどのような取り組みができるだろう。

注④石原千秋『国語教科書の中の「日本」』ちくま新書2009年206頁、同著『国語教科書の思想』ちくま新書

佐藤学「言葉と出会うこと」佐伯胖・藤田英典・佐藤学『言葉という絆［シリーズ「学びと文化」2」』東京大学出版会1988年26頁

注⑤石原千秋『国語教科書の中の「日本」』225頁

（2）　文学教育のあゆみ

　そもそも、文学教材は、日本の国語教育の中でどのように取り扱われてきたのだろうか。

　次に、幸田国広著『国語教育は文学をどう扱ってきたのか』（注⑥）の記述を借りながら、日本の「文学教育」の歴史をたどってみよう。「　」後の（頁数）は、その引用文の掲載頁を表わす。「　」以外の文言は、稿者の考えも含めている。

　垣内松三の『国語の力』（1922）により、「「解釈」や「鑑賞」が読むことの方法的な用語として広まり、教材についても作者の個性が文意に色濃く表れ、学習者の心に達する文学作品こそが国語の教材にふさわしいという観念が広がっていった。」「文学の鑑賞が大正期半ばから昭和初年代にかけて国語教育にお

ける一大テーマになってゆくのだった。」（30頁）。ところが、「その材料が文学もしくは文学的な文章であっても、その方法は、訓詁的注釈に終始した、いわば語学教育であった」（31頁）。戦中戦後にかけて、時枝誠記と西尾実の間で、「言語教育と文学教育論争」（注⑦）が起こり、その頃から、国語において何を教えるべきか、「言語」か「文学」か、という二筋の考え方が意識された。

戦後すぐの昭和26年学習指導要領（試案）では、アメリカからの経験主義教育観に基づき、「ほんのわずかな期間ではあったが、中学・高校の国語の授業では、文学編・言語篇と呼ばれる分冊教科書が使われていた」（68頁）。「国語科を「聞くこと」「話すこと」「読むこと」「書くこと」の各領域に整理し」ている。これは、その後文部科学省が取り組んだ形でもある。

しかし、現場では文学教育指向が強く、「文学教材が「文学による人間形成と文学理解の能力の向上」に資するものとして位置付けられていた」（57頁）。その一方で「鑑賞への注目の高さに対して、現場の教師や研究者等による多くの疑念や批判もあった。（中略）必要な指導もせずに子どもの好き勝手な読みを放置しているという指摘」（54頁）があった。ただこのころの文学教育は、一九五〇年代の「学習のてびき」で、「「作者」という語が頻出し」（65頁）、作品を作者の思想に還元しようという読解であった。

戦後、国語教育の軸が文学教育に傾いたのには、西尾実の「近代文学は、「人間いかにいきるべきか」ということに、文学鑑賞の意義を見出している。それは創作活動の目的であるばかりではない。鑑賞活動の目標もそうでなくてはならないことを意味している。文学が人間形成にあずかり、道徳教育に触れるのは当然である。」（83頁）ということでもわかる。戦後「「道徳」の時間は一九五八年に特設されるが、西尾を始めとして国語教育者は、文学教育による人間形成論を盾にして反対の論陣を張った」（84頁）。ここからも、文学教育が「人間形成」「道徳教育」と深い関わりがあると意識されていたとわかる。

昭和二十年代後半になって、国分一太郎は「文学科を芸術教科として位置付け、「「言語教育と文学教育の雑居」状態を解消することを提案し」（98頁）た。やはり、国語教育の中に、言語教育と文学教育をどう位置付けるかの議論は引き継がれた。

昭和四十年代に入ると、文学教育の分野で「冬景色論争」（昭和四十二〜四十四年）なるものが起こり、その中で西郷竹彦は「「虚構としての文学を問題とするときに、作者と視点人物とは区別すべきです」と言いきる」（114頁）。平成三十年告示の学習指導要領国語編第4文学国語2内容B読むこと（1）イの「語り手の視点や場面の設定の仕方、表現の特色について評価することを通して、内容を解釈すること」という観点の誕生である。

「一九五〇年代までの「すぐれた文学の鑑賞による人間形成」という理念は高度経済成長がリアリティーをもって信じられはじめた一九六〇年代以降、経済成長社会を支える能力を有した人材育成という教育政策の大方針を前に、徐々に後背に退」き、「「鑑賞」というキーワードに代わって台頭したのが「読解」だった」（118頁）。しかし、「読解」の時代にいたってもなお、一九七二年版「学習のてびき」には「作者はこの小説でなにを言おうとしたのか。主題について考え、みんなで意見を述べあおう」（129頁）とあり、「テクスト論」視点ではなく作家とつながり合う「作品論」の視点であった。

一九六〇年代後半になると、「近代文学者の三好行雄は、それまで支配的だった作家から作品へというベクトルを転換させ「第一級の傑作」としての作品を入口に作家論を論じることを提起した」（157頁）。これは「作品を単体として論じるという近代文学研究の「大衆化」」への批判とともに支持された。

同じころ、太田正夫による法政大学文学部の紀要『日本文学誌要』（一九六六年三月発行）に掲載された『問題意識喚起の文学教育』をどう見るか――『十人十色を生かす文学教育』への発展――」があった。太田の意図は「読者としての学習者一人ひとりの多様性を重視していた。つまり、授業の結果、一つの解釈に収斂させるのではなく、一人ひとりの読者の中にいかに文学体験を成立させるかを目指したものだった。」「感想を書くことによって自分の読みを確かなものとし、他の学習者の読みの中に配置されることによって自己の読みが相対化される。それにより様々な読みの角度や反応があることを知り、文学教材の再読は学習者自身の力によって深まってゆく。文学の読み手主体の形成のための方法であり、その方法自体が太田にとって「思想」だった（165頁）」。大村はまもまた、「太田のように学習者の「感想の感想」を書かせながら文学教材を読ませていく単元を実施している。彼女にとって文学を読むということは、中学生が一人の読者として楽しく文学の世界に参入していくことであり、教師の役割はどうやってそこに入っていけるかを手助けすることだった。」（167頁）。

この太田正夫の取り組みは、まさに稿者が理想とする「テクスト論を応用した文学教育」に近い。向山洋一・渋谷孝の論争などもあり、文学教育の是非は引き継がれた。

二〇〇三年の「PISAショック」を受けて「読解力」概念の問い直しが始まった。選択問題の正答率が八割以上であったのに対し、自由記述式問題では正答率44.1%、無答率も42.9%であった。調査の結果「文章内容の理解だけではなく、レイアウト、文体、イラストといった形式も含めて、読み手の評価や考え方を記述させる問題に日本の生徒たちは弱点を抱えていたことがわかった。PISAの「読解力」は「情報の取り出し」「テキストの解釈」「熟考・評価」という読む行為のプロセスに即して問いが設けられているが、特に「熟考・評価」はそれまでの日本の読解指導では十分にフォローできていない能力だったのだ。」「二〇〇三年調査の順位低下を「ゆとり」教育の結果とみることも妥当ではない。」「PISAの「読解力」は、（中略）社会の中で必要となる、様々な情報を読む能力として拡張されたもの（中略）「具体的なコンテキストの中で様々な情報を読み取り、それらをもとに判断したり、考えたりすることも重要な中味としている」（220頁～）。

その後二〇〇五年に「文科省は、『読解力向上プログラム』を策定」し「「経験」か「能力」かという二者択一ではなく、活動を通して能力を育成する、という両者の関係を明確にした」（222頁）。それを受けて「アクティブラーニング」の流行となるが、「手段であるはずの活動ばかりに腐心して結局何が学ばれたのか、どんな力が身に付いたのかがわからないような実践も少なくなく、「文学教材を扱いながら活動させているだけで、子どもの文学体験がないがしろにされている」」（223頁）という指摘がある。

「ゆとり」の時代も「総合学習」の時にも、その本来の趣旨を理解せず、「ただ遊ばせる」「ただ受験対応に差し替える」という現場の在り方は、アクティブラーニングにおいても「ただ生徒を活動させる」に終始して、その向こうにある本来の目的が見失われることになりはしないか。現場では、そこを注意しないと、「絵に描いた餅」どころか、無駄な時間の消費になりかねない。授業担当者は、その効果を見定めて、内容の展開と組み立て、そして、授業評価をしなければならないだろう。

さて、改めて、現在の文学教材に対して、文部科学省はどう考えてきているのか、たどってみたい。

教育課程審議会「中間まとめ」（1997. 1）の文言「文学的な文章の詳細に偏りがちな指導を改め」に対して、当時の文部科学省教科調査官、田中孝一は「文学的な文章が追放されることも軽視されることもありえない」とし「従来のように、国語の授業時数の過半を文学的な文章の読解に割いたり、一文学的な文章の指導に何十時間もかけて、心情追究にこだわるような授業を繰り返したりするようなことはやめてほしい。すなわち、文学的な文章について、教材選定と指導の在り方に対して注文をしている」（237頁）と答えた。また、田中の前任者である大平博哉も「改訂によって、「読解、鑑賞、主題」の語が消えたことを評価し、「一教材に何時間もかけて精密な読解を行い、学習者の読みを無視して教師の読みや指導書の解釈を押しつけ、一つの主題にたどり着かせておしまいといった『閉じられた読み』から解放して、多様な読みの可能性も視野に入れた読みの指導への転換」こそが課題で」（238頁）あるとしている。

ここの発言には、稿者が推奨する「テクスト論」を応用した文学教育の可能性と注意点が記されている。

注⑥幸田国広著『国語教育は文学をどう扱ってきた

のか』大修館書店 2021 年
注⑦渡辺哲男「国語教育における文学教育と言語教育」日本大学、教育学雑誌第 37 号 2002 年

(3) 教室での「テクスト論」の可能性

先の平成三十年指導要領の中での波線部(稿者)の記述に注目してみよう。B「読むこと」の中の「語り手の視点や場面の設定の仕方、表現の特色」に着目し「文章の構成や展開、表現の仕方を踏まえ、解釈の多様性について考察」して「作品の解釈を深めること」に合致するのは、文学理論の一つである「テクスト論」の応用で対処できないだろうか。そして、それを生徒個人が考え発表して、「A書くこと」にある「批評し合う活動」につなげると、総則で謳うところの「主体的・対話的で深い学び」の学習姿勢になり「思考力・判断力・表現力」の育成にもなってゆくと考える。

「テクスト論」について、丹藤博文(注⑧)の表現を借りてまとめてみた。

「作者」はもちろん「現実」「歴史といった「外部」は捨象される。これが「テクストは外部にない」と言ったジャック・デリダの有名なテーゼでもあり、ロラン・バルトの言い方に倣えば「還元不可能な複数性」を持つということであり、読みは対象となるテクストに還ることはできないということである。つまり実体論では読みは読者の「外部」としての「作品」にあることになるが、テクスト論では読みとは読者の〈内部〉にあることになる。テクストを読むということは、対象を読んでいる〈自己〉をも同時に読むことにほかならないのである。しかも、読みとは読者によって異なることが予想されることから、「複数性」を持つということになる。

「テクスト論」の発端となったロラン・バルトの「作者の死」(注⑧)の発想は、作者・作家という〃権威〃に対する忌避に始まる。印刷技術の発達による「作家」というものの確立、それによって生じた「著作権」などにより、「作家」というものの権威が

確立されてゆく一方で、受容者側（読者）によって、初めて成り立つ「読解」という在り方に気付いたのが「テクスト論」であった。それまでは、作品の書き手である作者の思想背景に依拠した批評が主流であった。日本でも長らく作家論、あるいは作家（作者）を意識した「作品論」が主流であった。それが、作品の書き手を批評軸の外において、読者・読書行為へ焦点化した批評の道筋を拓いた。しかし、文学理論の世界では、文化研究（カルチュラル・スタディーズ）・ポストコロニアル・クィア理論（注⑨）などその後の展開もあり、「テクスト論」はもはや古い文学批評の所産であるというのが現在の観方である。

日本では、小森陽一・石原千秋によって「テクスト論」が始まった。中村三春のように「情報の一つとして作家・作者の情報を用いることを禁じる理由もありません」としながらも、「文学の最終課題は作家や作者であるという立場にはさすがに与しません。」（注⑩）と日本ならではの「テクスト論」の在り方を支持している人もいる。これは、西洋での「テクスト論」の起こりと、日本のそれとは、文化状況の違いがあることにも起因している。

丹治愛（注⑪）は、夏目漱石『夢十夜第六話』の「仁王」にちなんで次のように記した。

たしかに現代のテクストのなかにはもはや「仁王」は蔵されていません。幸か不幸か、現代の批評理論がそういう状況を作ったのです。しかし、逆にいえば、だからこそ読者はさまざまな「仁王」の可能性をつくりだせるようになったのです。批評理論はそのためにあります。どこででも見かける地下鉄の注意書きからもまったく思いがけない、そして知的におもしろい「仁王」をつくりだすためにあるのです。

石原千秋は大学の文学理論の講義で、「チャート化してもなんでもいいから、さまざまな理論を身に付けて、自分の思考が意味を持ち説得力を持つ土俵＝パラダイムをたくさん手に入れるようにしなさい」と伝えるという。そして、「その意味で、国語教育において「テクスト論」は有効だろう。「テクスト論」はひとつの方法ではなくて、いくつかの方法を組み合わせてもかまわないというある種の自由な思考を肯定する思想だからである。これを中学校ぐらいから少しずつはじめていけば、国語は「切り捨てる科目」にならず、子供たちを傷つけたりすることもすくなくなるだろう。」（注⑫）という。また、石原はこうも言う。

「テクスト論」にはまだ可能性が十分に残されている。それに、教室では与えられたテクストの表現だけを頼りに、読まなければならない国語教育にとって「テクスト論はまさに有効な方法あり、立場であるはずだ。」（注⑬）

注⑧ロラン・バルト著『作者の死』1968年
注⑨文学理論の流れについては、三原芳秋・渡邊英理・鵜戸聡編『クリティカル・ワールド』文学理論』フィルムアート社2020年に詳しい。
注⑩中村三春「報告④〈作家／作者〉は、なぜ神話化されるのか―文芸解釈の多様性と相対性」文学会関西支部編『作家／作者とは何か』泉書院2015年39頁）
注⑪丹治愛著『知の教科書　批評理論』講談社選書メチエ2003年28頁
注⑫石原千秋『国語教科書の中の「日本」』227頁〜
注⑬石原千秋『国語教育の思想』ちくま新書2005年

（4）「テクスト論」を応用する上での問題点

生徒の主体的な読解というと、聞こえはいいが、一方で注意も必要である。中国でも「テクスト論」に沿った授業のなかで、いくつかの問題点が出てきている（注⑭）。

「テクストの前で、生徒と先生が平等であるから、先生の読みだけではなく、生徒の読みも許されるのである。言い換えると、テクストの読みは一元ではなく多元なのである。しかし、生徒は教室のなかでは、自分なりの答えがあってもいいが、高校入学試験や、大学入学試験のときには、「標準答案」に従わなければならない。」

（李大聖の意見）

「テクストの解読は「多元解読」と「創造的リー

ディング」というスローガンの下で、一部分の解読はラディカルであり、作者の意図を完全に歪曲することに至っている」（劉永康の意見）

右の中国でのテクスト論導入の問題は、日本の国語教育の上でも生じる問題である。大学での各研究分野からは、「正解ありき」の到達主義では、学問研究の姿勢にそぐわず、早い時期からの「主体的・対話的で深い学び」の学習「思考力・判断力・表現力」の育成が望まれている。それが、学習指導要領にも反映されているわけであろう。

さて、生徒主体による作品読解の発表・討議の授業をどう評価するのか、という問題について、具体的な方法は、文部科学省が科目の「目標」に続く「内容」のなかで示している「知識及び技能」「思考力」「判断力」「表現力」という基準で、生徒にも評価させ、教師も評価に加わり、総合評価として評価点をつける、というやり方がある。もちろん、討議の中で、生徒からの質問にどう答えるか、という観点も評価されていい。この方法が客観的なのか、という疑義もあろう。一つには、その客観性なる観点が、従来の到達主義に拘束される結果を招いたのであり、自由性を阻害していた。この客観的評価基準について、実は文部科学省は早くからその柔軟的対応を示している。一九八〇年の指導要領改訂の際「関心・態度」を位置づけ、文部省はその説明理由に「学習意欲の向上や自ら考え実践しようとする態度の育成等を重視している新学習要領の趣旨を生かすために、たとえ評価が多少主観的になるとしてもこの観点をたてることにした」とする（注⑮）。

ただ、そうであっても、「テクスト論」を応用しての作品解釈・発表・討議で、危うく鑑賞批評にならないとも限らない。要は、考察に至るまでの、論拠探し、そしてその論拠をもとに、主張する論立ての運び、具体的には作品の中の「語り手の位置」「表現」「作品の背景（作品の中に時代記述があれば有効指標）」などの論拠をもとに、発表者の主張の論理的な組み立ての完成度が焦点である。この点で、中村良衛は次のような提言をしている（注⑯）。

「自分で自分の読みに責任が持てるようになる」ことである。「責任ある読者になること」と言ってもいい。「責任ある」というのは、さまざまな可能性を視野に入れた上で、自分の観点や立場を自覚しつつ自らの読みを呈示し、その正当性について説明できるということである」

これは、発表を聴き、評価する生徒・教師からすると、どれだけ「説得力」があるか、ということでもある。

また、国語教材をもって、その論理的思考力を高めたり、評価したりするということにおいて、注意が必要なのは、すでに先人が述べている。

「論理的思考力」は普遍的なものだ、「論理的思考」は一つだという考えで、国語教育を行うことは非常に危険なのだ。(中略)国語で言う論理はある時代のパラダイムを含んでしまうので、論理的でないと評価されてしまうことがあるということだ。パラダイムの違いで論理の説得力は変わってくるということを教えるのが「論理的思考力」を高めることだ。(注⑰)(227頁)

文学教育の縮小・排除の根拠となるこの考え方は、評論(説明文)で使われるような「論理」だけをロジックとみなすという狭義の定義に基づいている。(中略)しかし、文学(物語)にも「論理」がないわけではなく、むしろ文学(物語)には文学的な論理がある。(注⑱)

前者(石原)は、正論理といっても時代・地域によるパラダイム変化によって非論理に変わることがある、ということ。後者(疋田)は、国語教育で言う「論理性」の有無が論説文と小説文では違い、小説に論理がないわけではない、と言っている。こうしたことを授業者が理解していることが肝要であろう。

注⑭鈴木泰恵/高木信/助川幸逸郎/黒木朋興編『〈国語教育〉とテクスト論』ひつじ書房 2009年286頁。なお、本書は、国語教育にテクスト論を導入するに際し、あらゆる方面での研究報告を載せている。

注⑮本田由紀著『教育は何を評価かしてきたのか』岩波新書 2020 年 132 頁
注⑯前掲『〈国語教育〉とテクスト論』ひつじ書房 398 頁
注⑰石原千秋『国語教科書の中の「日本」』227 頁
注⑱疋田雅昭『文学理論入門』ひつじ書房 2021 年 6 頁

（5）アメリカにおける文学教育

ここで、アメリカでの文学教育の実体を見ておこう。堀江祐爾の報告（注⑲）から参照してみる。

アメリカ合衆国の国語教育界において、1980 年代より「文学を核とした指導（Interature-Based Instruction）」の重視が提唱された。注意点は、アメリカは日本の学習指導要領のような全国的な法的措置は取られておらず、地区ごとに指導方針が決められるという伝統があるが、80年代後半より、全米にわたって展開されている「ホール・ランゲージ(Whole Language)」運動も「文学を核とした指導」の一種という。その「文学を核とした指導」の起こった背景には次のようなことがあるという。

1980 年代前半に、「危機に立つ国家（Nation at Risk）」「ボイヤー報告（High School：A Report on Secondary Education in America）」の二つの報告書が出され、日本、西ドイツなどの台頭により、アメリカという国家が（経済的に）危機に瀕しており、国家を救うためには、すぐれた人材を生み出す教育を実現させる必要があることが指摘された。アメリカの経済を立て直すことのできる人材を育てるには、国語科の指導としては、細かい言語技能ではなく、言語によるコミュニケーションに重点を置き、コア・カリキュラムによる総合的な指導をおこなうべきであるという提言がなされた。」

これは、今、日本がおかれているのは経済的危機であり、経済産業省の意向を受けて、文部科学省が向かおうとする、国語科教育の改変と同じ状況ではないか。同じように経済的危機に瀕したのにもかかわらず、当時のアメリカの採った国語教育改革と今回の日本の改訂のそれとは方向が違わないだろうか。

その時アメリカは、「「基礎読本による指導」から「文学を核とした指導」への転換」を図ったようだが、その変化の狙いとする柱は三本あった。

（1）「基礎読本の指導」から「文学、つまり分断されていない、自己完結した、意味世界をしっかりと構築できる作品・書物を核にした指導」

（2）「管理者」としての立場から「支援者、ガイド役」への教師の姿勢・立場の変化

（3）学習の「結果」ではなく「過程」を重視することへの変化

この「文学を核とした指導」の指導過程は具体的に次のようであるという。

「表紙を用いた予測」→「文脈による語句の理解」↓「本文の理解」↓「要約や相互質問などによる理解の確認」↓「発展活動」

そして、「〈読みの基礎スキルを重視した指導〉と、「文学を核とした指導」のような〈作品全体を読むことを重視した指導〉とどちらを重視するかということにおいて、十数年間隔で振り子のようにいったり来たりしている」。それは「どちらも、長所と短所をもっており、その時代が求めるから」という。

十数年間隔、というと、日本でも前章で見たように、「文学教育」か「言語教育」かで揺れてきた歴史があった。

大事なことは、今回の改訂でしばらく国語教育を見極め、単に振り子を戻すのではなく、どうすることが、その時々の時宜にかなった国語教育かを常に、当局と現場ですり合わせて行くことであろう。

もう一つ、山元隆春の報告（注⑳）からも見ておこう。

そこでは、Janet Alsup の言を引いて「「文学」の読み書きが「心の理論」（共感や他者視点から想像を可能にし、コミュニケーションの基盤となる能力）を高め、「社会的想像力」を身に付ける働きをする」とし、「「複雑な」説明的文章の読みだけでは果たさ

れない」として「「文学」が読者に影響を及ぼす方法に「同化（identification）」「共感（empathy）」「クリティカルな思考（critical thinking）」「社会的行動（social behavior）」の解明が重要だと紹介している。細かなことは山元の論文を見ていただきたいが、「何よりも大切で、審美的で、読書の時空を生き延びる個人的な経験」「物語的共感は（中略）人が他者との関わり方を改善し、その人の社会的成功を導くものになりうる」「オープエンドの話し合いでは、表現された意見と反応が豊かに見られ、たとえバラバラなように見えても、深いクリティカルな読みが導かれる」「「学力の高い子たち」（中略）は「行き詰ったら焦点を変える」「読む間に先行知識を確認する」といったテクストについての推論するための読みの方略を使っていた」

「教師は、ガイド役やファシリテーターを演じて、指示したり肯いたりして各グループの学習者を励ます役回りをつとめる」「文学は（中略）学習を能動的なものにし、文学と生徒とをつないで、深い思考を導こうとするために何が必要かを教えてくれる」等々、文学教育において示唆に富む内容が紹介されている。

日本の新しいカリキュラムの下では、確かにこれまでの「文学教育」とくに「近代文学教育」においては、限られた時間数の中で、やりくりしてゆかなくてはならない。どう授業してゆくか、現場での試行錯誤がなされよう。

注⑲堀江祐爾著「アメリカにおける文学を核とした国語科指導」『兵庫教育大学研究紀要』第２分冊、言語系教育（14）1995.2　39－52頁

注⑳山元隆春著「国語カリキュラムにとって文学はなぜ必要か―現代米国の文学教育を手がかりとして―」『広島大学大学院教育研究紀要第二部第62号』2016年99-108頁

（6）　生徒の考察・発表、そして授業者の姿勢

前章までを参考にして、近代文学教育の一コマを私流に流れで示すならば、

「作品読解（言語理解）」→「享受（自己理解）」

↓「発表（発信）」↓「質疑応答（コミュニケーション＝他者理解）」

ということになろうか。当然、発表段階でグループ活動にすれば時間短縮にも、他者理解にもなるだろう。

さて、最初に掲げた「テクスト論」を応用しての文学教育では、どういう点に気を付けたらよいか。先ずは、教材に対して、

〔作品解釈の発表に際して〕
・「作者（作家）」は不可欠な条件ではない、ということ
・教材を読むとは、自己を読むことである、ということ（＝自己理解）
・語り手の存在に注目して、小説の構造を把握すること
・小説内の言葉や表現に着目して、全体として何が見えるか、考察すること
・自分の考察が、論理的に組み立てられているか、説得力を持つか
・予想できる批判に応答の用意があるか
・自分らしさが出せているか

〔他者の発表を聴くに際して〕
・考察の材料が整っているか、またその材料を論拠として効果的に論が組み立てられているか
・印象批評や感想にとどまっていないか、論理的考察になっているか
・聞き手に対して説得力があるか
・疑問点や理解不能な点はないか
・発表者の個性が出ているか
・発表者の読みに共感できるか（＝他者理解）

以上を、「知識及び技能」「思考力」「判断力」「表現力」に分けて、聴き手は各自評価する。発表者に返却する。発表者は、それをもとに、自身の考察発表について、感想を記す。最終的に評価表を授業者が回収して、評価する。

以上のような具体的な方法が考えられよう。授業のまとめとして、単元の最後には、発表者各自への贈る言葉を授業者が伝える。その際できれば、授業担当者なら「こう読む」というメッセージが伝えら

れるとよい。

　テクスト論の前では「生徒も教師も平等」という発想をもつことが大事ではなかろうか。そのことは、生徒の自主的な学習活動を呼び、読書の喜び、自身の発見にもつながる。また、教師自身も、教材について考察していなければ、生徒の発表にも助言ができないだろう。

　稿者は今までに、定番教材と呼ばれるものに対して、テクスト論の立場で考察をしてきた。

❶「『羅生門』の読解―〈作者〉と末尾との関わり―」（『兵庫国漢』第60号　平成26年3月31日）

❷「『城の崎にて』の読解―語る「自分」と語られる「自分」―」（『兵庫国漢』第49号　平成15年3月31日）

❸「「語り手の気づきと変容」―クライエントとしての語り手・李徴―」（『兵庫国漢』第61号　平成27年3月31日）

❹「小説『こゝろ』の分析―その構造から―（先生の贖罪、そして「私」の贖罪）」（『兵庫国漢』第66号　令和2年3月31日）

❺「『夢十夜　第六話』再考
―「それで……略解った」と言ってしまう教育ある者の危うさ―」（『兵庫国漢』第67号　令和3年3月31日）

❻「「太田豊太郎」―「弱くふびんなる心」をめぐって―」（『兵庫国漢』第46号　平成12年3月31日）

❼「小説『高瀬舟』考―人情家同心「庄兵衛」と「オオトリテエ」―」（『兵庫国漢』第68号　令和4年3月31日）

　『羅生門』（❶）では、下人を批判する側にいながら結局批判しきれていない「作者」、それをみる読者、読者もまた、自己批判も含めて、批判される立場にあることを、『城の崎にて』（❷）は、自然と対話する中で、偶然の中に置かれた自身の在りように気づく自分を、『山月記』（❸）は、旧友を前に語る李徴の鏡像現象に、自身の愚かさを気づく姿を、『こゝろ』（❹）では、小説の構造から読んで、手記の書き手である「私」が、手記を書く中で気づいてゆく「先生」「奥さん」「父親」への贖罪を、『夢十夜第六話』(❺)では、「教育あるもの」と自負していた「自分」の危うさを、『舞姫』(❻)は、エリスと豊太郎との、母一人子一人という相似性からくる惹かれ合いと、子の母への依存度の相違性からくる乖離による悲劇を、『高瀬舟』(❼)では、同心庄兵衛が人情家であることに注目し、物語が庄兵衛の思いで統一的に語られ、それを語り手が批判する。批判した語りもまた、〝権威〟に取り込まれた者であると、読者から批判される。それらは鷗外自身の姿でもあった、等々を説いた。その正否はともかくも、その都度、稿者自身と向き合った感がある。「読書」とはやはり結局自身と向き合い、自身を発見することであると信じる。どんなに情報があろうとも、自分の頭の回路の中でしか読めないのである。そして、「自身」を読んでいるのである。

これまでの稿者の論作は、一教師として「私ならこう読む」という実践記録でもあった。生徒に小説読解を指導するならば、教師自身にも独自の読解の試みが必要だろう。

生徒にとっては、小説教材で「テクスト論」を応用した考察で発表し、批評し合うことで、自身の読みで自身と向き合うばかりでなく、他者からの意見を聞き、自身を客観的に観ることにもつながるだろう。他者の発表で、「そう読む人もあるのか」と他者理解が進むだろう。

注意すべきは、他者への敬意をもって聴くことの大切さは伝えたい。また、授業者として、発表させただけの授業で終わらせてはならない。それはアクティブラーニングという形を取っただけの授業に終わるから。

※稿者の論をもって授業を組み立てる際に、田中実・須貝千里・難波博孝共著『第三項理論が拓く高等学校文学研究／文学教育』(明治図書2018) 所収の諸論考が参考になるだろう。

十　堀辰雄『曠野』
――光と影の演出――

（0）はじめに

堀辰雄の王朝物『曠野』のその原点との比較研究は今までに、谷田昌平氏の言う「『かげらふの日記』や『姨捨』、更には芥川の『六の宮の姫君』等と違って、ほとんど原典にしたがって書かれている。ただ主人公の心境や、情景の微細な描写の筆が用いられている点が、原点と異なっている」（注①）という指摘以来、諸氏によって論及がなされ、長谷川孝士氏は「『構造』にも若干の差異が認めることができた。しかも、その若干の差異は、主題展開上きわめて重要な役割をはたすものもであったことは注目される。」（注②）と、発展させた。一方、竹内清己氏は『曠野』の副原典として、芥川の『六の宮の姫君』とその原典である『今昔』巻三十第五に焦点を当て、『曠野』の細やかな説明部分が芥川の『六の宮の姫君』及びその原典に見られることを説いている（注③）。そして、「そうした女の心境は、まさに原典を離れての堀辰雄のイデーそのものの主旋律だが、これも『六の宮の姫君』に（中略）ある境地に通底している。そうして、この境地は芥川龍之介もまた完全に原典ばなれした部分であった。」としている。確かに竹内氏の言うように驚くほど細かな表現が『曠野』と『六の宮の姫君』及びその原典との間で似ている。しかし稿者は、今またあえて、その類似したとする中にも、堀辰雄よる意図的な改変（創作）を見て取るものである。

竹内氏の論文中に圏点をもって、『曠野』と『六の宮の姫君』及びその原典との間の類似的表現として示されたうちの、女が住んでいる所は、『曠野』では「西の対」、『六の宮の姫君』及びその原典では、「東の対」となっているのである。何故これが改変されてあるのか、そのまま「東の対」としなかったことは作者堀辰雄に何の意図があったのか。またこの部分は『曠野』の原典、『今昔』巻三十第四には「壊（こほれ）タル寝殿ノ片角」とある。原典のような曖昧な表現ではいけなかったのか。長谷川孝士氏は「暮らし向きなどの設定によって、原話（『曠野』の原典、稿者注）の骨組みに、ゆたかな肉づけをしている。」と述べる（注②）が、これはどれほどの意味合いでの表現なのか。『曠野』の原典との比較、また竹内氏の言う副原典との比較をもう一度見る中から、堀辰雄の「光」と「影」の使い方に焦点を当てて、このことを考えてみることにしよう。

（1）

『曠野』は全文が四段に分けられているが、その第二段は三つの小節になっており、その後半二節は全てが作者の創作である。男（兵衛佐）は、「春も末に近い、ある日の暮れがた」に女のいる西の京の方へ出かけてゆく。「昼から空にほのかにかかっていた繊（ほそ）い月」が、「ずっと向こうの半ば傾いた西の対の上に」見える。そして、男は庭に入り、西の対に向かって二度女の名を呼ぶ。その時「反対の側にある対の屋（東の対、稿者注）からかすかな灯の洩れるのを見つけ」、そちらに向かってもう一度女の名を呼ぶ。が、いずれも返事がない。作者は同じ場面をそのすぐ後に、こう描いている。名を呼ばれることの一度目は、女は「自分の心の迷いだと思った」。二度目は「はっきりと同じ声がした」が、「女は急に手足がすくむように覚え」身体を「衣の中に中に隠した」。「最後に男の声がした時は、もう女のいる対の屋からは遠のいて」いた。

『曠野』	『六の宮の姫君』	『今昔』巻十九第五
春も末	晩秋	十月ノ中ノ十日ノホド（二十日頃）
日の暮れがた	日の暮れ	（なし）
夕月 繊い月	新月	（二十日の月）

この部分を竹内氏の言う副原典、そして原典と比較してみよう。

副原典の『六の宮の姫君』やその原典の『今昔』巻三十第五にある「晩秋」「十月ノ中ノ十日ノホド」という季節は、『曠野』では次の第三段落の、「尼のおい」が上京して来る場面に「秋の末」という形で現れるが、問題の兵衛佐がやって来る場面では「春も末」となっている。『曠野』の「日の暮れがた」というのは芥川の『六の宮の姫君』の「日の暮れ」を使っているのであるが、月の状態を見ると、『六の宮の姫君』の原典である『今昔』巻十九第五には「十月ノ中ノ十日ノホド」とあるから、月の二十日ころ、すなわち「更け待ち月（宵闇月）」で午後十時ごろが「月の出」で、男が「六の宮の姫君」の家を訪れたのは深夜。それが芥川の『六の宮の姫君』では「新月」とあるから、男の訪れはもう少し早い時間であると思われる。またそれが『曠野』では「夕月」「昼間から空にほのかにかかった繊い月」とあるから、「新月」よりはさらに数日後の「三日月」のころである。『曠野』の設定は「日の暮れがた」から出かけた男が「西の対の上にちょうど夕月のかかっているのが（中略）認められた」という記述に矛盾しない。つまり、作者堀辰雄は副原典にはない「月」を創作したことになる。

（2）

次に、ここの『曠野』の記述を図解してみることにしよう。

男が①②の位置で女の名を呼んだ時は、「月」の位置や形、季節から言って、「薄暮」であったろう。その「薄暮」の中を、西に傾いた「夕月」が男の見ようとする「西の対」の上にある。「西の対」はその屋の中の様子が男の位置からは見えない「闇」として存在する。逆に③の所で、男は「薄暮」の薄明かりを背にして「東の対」に向かい、作者はまたここで「東の対」に「灯」を配置して、女ではない「尼」がいることを男に印象づけさせている。まさに、「心にもなく女とも別れなければならなくなる運命（注④）」を「光」と「影」によって作者は演出している。

（※寝殿復元図は『改訂版　詳説日本史』山川出版社 1963 年の推定図を元に加工して作成した。）

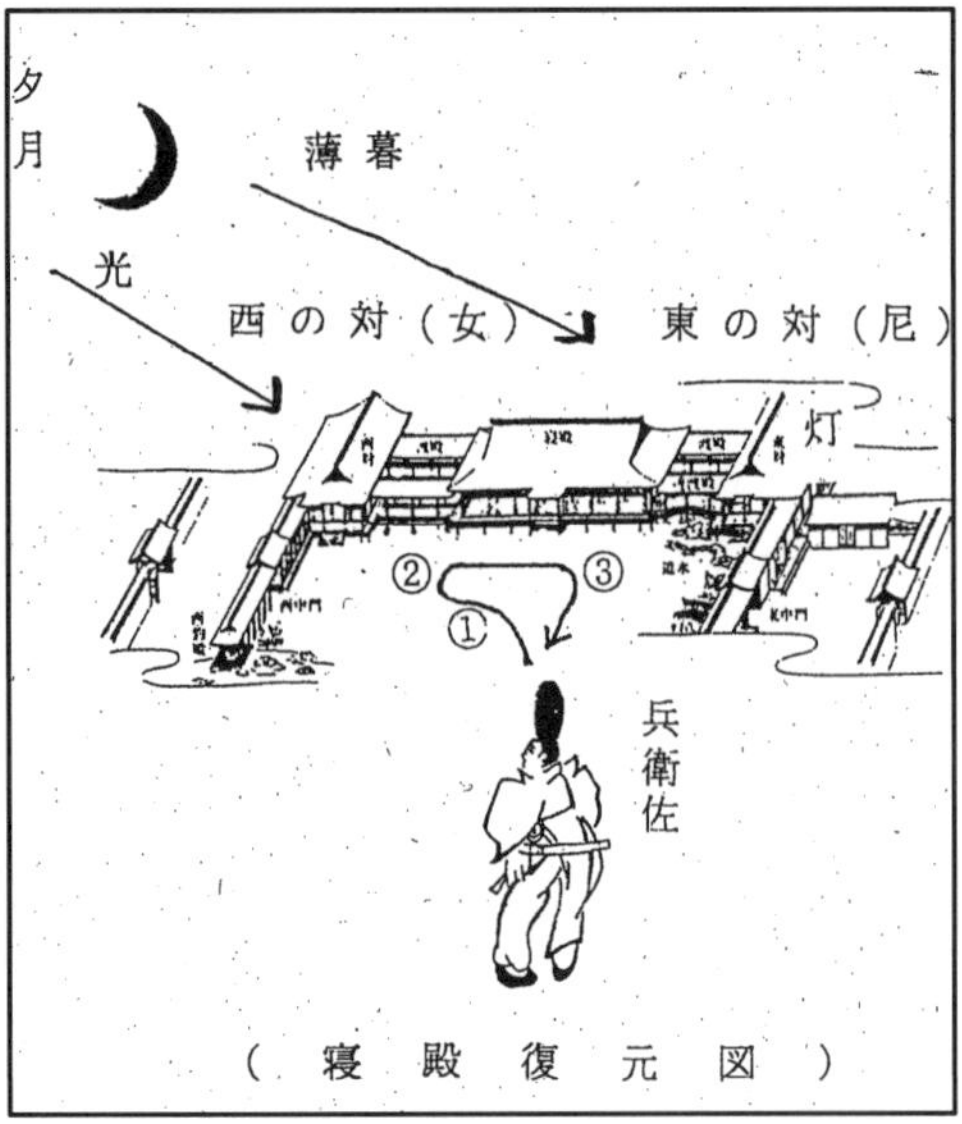

（寝殿復元図）

こう見てくると、最初に序章で提示したように、女のいる所が、芥川の『六の宮の姫君』、またその原典である『今昔』巻三十第五には「東の対」とあるところを、『曠野』では「西の対」とし、それが、「壊（こほれ）タル寝殿ノ片角」とある『曠野』の原典『今昔』巻三十第四とも異なるということが、堀辰雄独自の設定であり、そこに作者の創作意図をうかがい知る事が出来るのである。つまり、女が「西の対」にいて、それが男から見て「薄暮」の影になって女の姿が分からず、逆に「灯」の明かりによって「東の対」の尼の姿に気を取られるという「すれ違い」を自然にしているのである。これが「東の対」に女がいては、その自然が成り立たず、また「十月ノ中ノ十日ノホド」の「月」では「通い慣れた」男が「日の暮れがた」に出て女の家を訪れるという時間関係も崩れるとになる。実によく計算された改変である。

（3）

このような「光」と「影」による作者の演出は、まだ『曠野』の他の部分にも見られる。

女に逢えない男の運命を創り出した一方で、今度は第三段で、いとも簡単に、「尼のおい」に女を見つけさせてしまう。その時の演出が「きのうの夕方、向こうの壊れ残りの寝殿に焚きものを捜しに行きますと、西の対にちょうど夕日がいっぱいさし込んでいて、破れた簾ごしにまだ若そうな女のひとが一人（中略）くっきりと見えました」という記述である。「尼のおい」が見た位置と男が見た一とはそれほど変わらないであろうが、「夕日」と「夕月」の差が再び女の運命を演出する。

こうして女は、「尼のおい」とともに京を離れ、近江へゆくことになるが、「尼のおい」には妻がおり、女は婢として日々を送ることになる。数年後の冬、新しい国守として赴任して来たのが、もとの男（兵衛佐）であるが、その再会の場面では「夜遅く」招ぜられる。そして「ほの暗い火影に背を向けたまま、女は顔を袖に押しつけるようにしてうずくまった」のであるから、女の顔はもとの男（兵衛佐）からは見えるよしもない。この部分を『曠野』の原典では、女が「夕サリ（夕方）」に参上するように命ぜられ、また男によって「近ク召寄セテ見」られている。この改変を長谷川孝士氏は「運命まにまに生きて、ついに運命陽以上の生を志向して死んでいった女の悲劇的な生きざまとしての姿を美しく描こうとした堀辰雄の主題意識」による「構造上の書きかえ」（注②）と表現する。その通りだろう。なお、女が昔の、京での女であることを男に気づかせるのを最後まで引き延ばし、気づいたとたんに、女は死んでゆくという書きぶりは、むしろ芥川の『六の宮の姫君』、またその原典の『今昔』巻三十第五に近似するもので、この点では竹内氏の指摘（副原典説）も承服されるものである。いずれにしても、最後の場面においてもまた、作者は「光」と「影」の演出をしたのである。

（4）

以上見てきたように、竹内氏の説に従うべきところは多いものの、更に細かく見ると、「光」と「影」の演出は原典にはもちろん、竹内氏のいう副原典にもなく作者が作品創作上の細部の改変として意識的に行っているものと考えられる。やはり「西の対」に女を住まわせたことは、第二段で「光」と「影」の効果による「すれ違い」の自然を演出するために意図した改変であるとして差し支えないだろう。

こう見てくると一つ思い当たるのが出てくる。それは、夏目漱石の『こころ』である。夜中Kが先生の室を覗くように立っている場面(下の四十三)で、Kの室には「灯火」がついているものの、先生の室は暗く、おまけにKが「灯火」を背にして先生の方を向いているため、先生の側からはKが「黒い影」「黒い影法師」として見える。また「Kは洋燈(ランプ)の灯を背中にうけているので、彼の顔色や眼つきは、全く私にはわかりませんでした」。だから本当は「自殺」を考えていたKに対して(読者にはその異様さを暗示しつつも)、先生が思い違いをして、Kがお嬢さんとのことを進めると思って、Kを出し抜くという「すれ違い」を自然な状態で演出していた。『曠野』の作者堀辰雄が夏目漱石の『こころ』のこの部分をどれほど意識していたのかは分からないが、堀辰雄から見れば師(芥川龍之介)の師になる訳であるから、その影響があった可能性も全くは否定できない。ともかくも、授業の中で生徒にこの二つの作品の類似性を示した時は、すでに『こころ』も学習していただけに、興味を示す反応があった。『こころ』が影響した可能性については、また改めて考えてみたい。

(注)

①谷田昌平「堀辰雄と日本古典」(『近代文学鑑賞講座』角川書店昭和33年 所収)

②長谷川孝士「堀辰雄の「曠野」に関する考察」(愛媛大学紀要十三巻 昭和42年所収)

③竹内清己「堀辰雄「「曠野」と古典」(東京書籍『国語』二五九号 昭和61年所収)

④これは『曠野』の第二段落にあるが、もう一箇所同じ第二段落に「ただもう息をつめていることが出来なくなっている自分(女)の運命」とある。

※(追記)

本論を著すに際し、快く論文を提供して戴いた愛媛大学と東京書籍さんに厚くお礼申し上げます。

（本書掲載論文初出一覧　…発表年代順）

・「堀辰雄『曠野』―光と影の演出―」
（『独創』第6号　平成4年3月31日）

・「「太田豊太郎」―「弱くふびんなる心」をめぐって―」（『兵庫国漢』第46号　平成12年3月31日）

・『城の崎にて』の読解―語る「自分」と語られる「自分」―」
（『兵庫国漢』第49号　平成15年3月31日）

・『羅生門』の読解―〈作者〉と末尾との関わり―」
（『兵庫国漢』第60号　平成26年3月31日）

・「「語り手の気づきと変容」―クライエントとしての語り手・李徴―」
（『兵庫国漢』第61号　平成27年3月31日）

・「小説『こゝろ』の分析―その構造から―（先生の贖罪、そして「私」の贖罪）」
（『兵庫国漢』第66号　令和2年3月31日）

・「夏目漱石の思想の現在―「自己本位・個人主義・そして則天去私へ」―（附）『こゝろ』のKのモデルについて」
（『独創』第33号　令和2年3月31日）

・『夢十夜　第六話』再考―「それで………略解った」と言ってしまう教育ある者の危うさ―」
（『兵庫国漢』第67号　令和3年3月31日）

・「小説『高瀬舟』考―人情家「同心庄兵衛」と「オオトリテエ」―」
（『兵庫国漢』第68号　令和4年3月31日）

・「これからの高等学校の小説教材における試み」―「テクスト論」応用の可能性―
（『独創』第35号　令和4年3月31日）

※『兵庫国漢』は、兵庫県高等学校教育研究会国語部会誌、『独創』は、同国語部会東播磨支部会誌である。

※「堀辰雄『曠野』―光と影の演出―」は、作家を視野に入れた「作品論」としての論文だが、私的に記念碑的論文として掲載する。
「夏目漱石の思想の現在―「自己本位・個人主義・そして則天去私へ」―（附）『こゝろ』のKのモデ

ルについて―」は、『こゝろ』を始めとする漱石作品論考の私的バックボーンの考察として、合わせて掲載する。

「これからの高等学校の小説教材における試み」は、本論集の出版の意図を説明すべく、掲載する。

（巻末の言葉）

稿者が「国語」という授業に興味を持ったのは、兵庫県立小野高等学校一年生の時である。当時担任であった糟谷宏先生に古典を教わった。生徒からの質問には全てお答えになられ、生徒であった私の力量ではとても歯が立たなかった。なんとか「それは解らない」というご返答をいただきたい一心で、万全の準備をして国語の授業に臨んだ。そうするうちに、授業では『更級日記』の「后の位も何にかはせむ」という件に出合っては、平安朝の作者の思いに深く共感し、また、家庭においては、雑誌『太陽』の古今集「高野切れ」の写真をみるに及んで、繊細な筆致に平安朝の人々の息遣いに触れた感動を覚え、最後には、平安朝日本語復元による朗読として発売された、金田一春彦言語監修・関弘子朗読『源氏物語「夕顔」「須磨」』（コロンビアレコード 1972）を聴いて、「この道しかない」と、ますます国文学へ傾倒していった。

大学は、学習院大学国文科に進学し、五味智英先生、大野晋先生、松尾聰先生、吉岡曠先生という錚々たる先生方から古典のご指導を仰ぐ傍ら、猪野謙二先生、十川信介先生という近代文学の泰斗でいらっしゃる先生方の授業に参加し、お話をうかがうことが出来たことは、幸運至極であった。

大学院単位取得終了後、兵庫県高等学校国語科教員の職を得て、巻頭言にある疑問で出くわした。それ以後、古典、日本語学、近代文学を問わず、暇を見ては、往時を懐かしみ、論文という形にすることを喜びとしてきた。その過程で拙論をお送りすると、喜んでご返信ご指導をしてくださったこと、また仕事への温かいご助言をいただいたこともあった。先に記した大学の先生方は皆不帰の客となられ、ここに、近代文学関係の論文をまとめ上梓することは、何よりもその先生方への御恩に報いることにもなると思う。齢古希を前にして、拙著をお示しすることは汗顔の至りであるが、一方では、『山月記』主人公李徴の「長安風流人士」に馳せた気持ちにも「かくやありけむ」という思いでもある。

本論集の出版は、右文書院の前社長、三武義彦様の時からお話であり、そろそろ本腰を、と思っていた矢先に三武氏の訃報に接し、驚きのあまりにたじろいでいたところ、現社長の鬼武健太郎様からの温かいお誘いにより、なんとか出版に漕ぎつけたという経緯がある。改めて、右文書院の皆様には、ここに記して感謝申し上げる次第である。それとともに、四十年前の交流の縁で、作家田中芳樹氏に推薦の労をお願いしたところ、快くお受け下さったことも、礼を尽くして、ここに合わせて記しておく。

なお、論文集としては、注の附し方や引用原本の新旧字体や仮名遣いの統一をすべきところであるが、字句訂正を除いては、原則的に発表当時のままにしておいた。ご寛容をお願いしたい。

令和四年朱夏　六十九叟　大游　宮脇昌一

著者紹介

宮脇　昌一（みやわき　しょういち）　法名：大游

博士課程の単位取得終了で高等学校の教員となったいわゆるオーバードクターである。専門教科である国語にもまた書道にも、とことん教材を追究して授業に臨んできた。あるとき某大学へのお誘いがあったが、実家の寺の縁が切りがたく、あきらめざるを得なかった。しかし、それが逆に論文を書き溜める原動力にもなった。思えば、夏目漱石も参禅した円覚寺での経験は、後の漱石研究との因縁を感じる。法名の「大游（タイユウ）」は、鈴木大拙・大愚良寛、師匠大燈光顕（父）にあやかりながらも、何事にも拘りつつ、かつ拘りなくありたいがために、波間に漂うイメージを「たゆたう（游）」に託した。

（略歴）

昭和 29 年、兵庫県「曹洞宗成國寺」に生まれる。

昭和 48 年、兵庫県立小野高等学校卒業。同年、学習院大学国文科入学。在学中に臨済宗円覚寺にて１週間、曹洞宗大本山永平寺にて２週間の一般参禅を経験。

昭和 52 年、学習院大学院に進学し、大野晋先生について、国語学を学ぶ。その間、大本山永平寺にて１年間の本修行。

昭和 60 年、博士課程単位取得満期退学、同年、兵庫県高等学校国語科に職を得る。

平成 21 年、成國寺住職に補任される。教職は、初任以降 35 年間勤め、現在も国語・書道の時間講師として定時制高校にて教鞭を執る。

「小説を読む」とは、「自己を読むこと」なり

令和五年三月一日　印刷
令和五年三月六日　発行

著者　宮脇昌一
発行者　鬼武健太郎
印刷・製本　株式会社文化印刷

〒101-0062　東京都千代田区神田駿河台一—五—六
発行所　株式会社　右文書院
振替　〇〇一二〇-六-一〇九八三八
電話　〇三（三二九二）〇四六〇
FAX　〇三（三二九二）〇四二四

ISBN978-4-8421-0827-8 C1095